zeit-los, atem-los

KONKRETE LITURGIE

herausgegeben von Guido Fuchs

SEBASTIAN BRAUN

zeit-los, atem-los

Früh- und Spätschichten für Advent
und Fastenzeit

VERLAG FRIEDRICH PUSTET
REGENSBURG

Bibliografische Information der Deutschen Nationalbibliothek

Die Deutsche Nationalbibliothek verzeichnet diese Publikation in der Deutschen Nationalbibliografie; detaillierte bibliografische Daten sind im Internet über http://dnb.dnb.de abrufbar.

ISBN 978-3-7917-3048-6

Layout und Umschlaggestaltung: Martin Veicht, Regensburg
Satz: MedienBüro Monika Fuchs, Hildesheim
Druck und Bindung: Friedrich Pustet, Regensburg
Printed in Germany 2019

Diese Publikation ist auch als eBook erhältlich:
eISBN 978-3-7917-6152-7 (epub)

Weitere Publikationen aus unserem Verlagsprogramm finden Sie unter:
www.verlag-pustet.de
www.liturgie-konkret.de

INHALTSVERZEICHNIS

EINFÜHRUNG 9

GESTALTUNGSHINWEISE FÜR FRÜH- BZW. SPÄTSCHICHTEN IM ADVENT UND IN DER FASTENZEIT 13

Lichtritus 13

Lichtritus als Möglichkeit der Eröffnung 13

Weihrauchritus zu den Fürbitten 15

Segensbitte 16

FRÜH-/SPÄTSCHICHTEN IM ADVENT MIT GESCHICHTEN

RUHE-LOS
„Ich spiegele mich im ruhigen Wasser“ 18

GLÜCK-LOS
„Welch ein Unglück – was für ein Glück“ 20

SINN-LOS
„Was ist meine Aufgabe?“ 22

ERWARTUNGS-LOS
„Ich habe keine Zeit für dich“ 24

FRÜH-/SPÄTSCHICHTEN IM ADVENT MIT LIEDERN AUS DEM GOTTESLOB

AN DIE RÄNDER GEHEN
„Wir ziehen vor die Tore der Stadt“ 28

WO KOMMEN WIR DENN DA HIN?
„Mache dich auf und werde Licht“ 31

BLÜHENDE LANDSCHAFTEN
„Im Jubel ernten, die mit Tränen säen“ 34

WAS MIR BEREITET IST
„O Herr, wir warten auf dich“ 36

FRÜH-/SPÄTSCHICHTEN IN DER ADVENTSZEIT MIT NEUEN GEISTLICHEN LIEDERN

MEINE SEELE SINGT
Revolution in einer erbarmungslosen Welt 40

AUSREICHEND
„Wäre Gesanges voll unser Mund“ 43

FRÜH-/SPÄTSCHICHTEN IN DER FASTENZEIT MIT GESCHICHTEN

ZWEIFEL-LOS
Mit dem Kreuz unterwegs 46

ATEM-LOS
„Wenn ihr steht, dann lauft ihr schon“ 48

ZEIT-LOS
„Immer an den nächsten Schritt denken …“ 50

ACHTUNGS-LOS
„Ich laufe meinem Schatten davon“ 52

SELBST-LOS
„Warum bist du nicht das geworden,
was du hättest werden sollen?“ 54

HALT-LOS
„Dem Glück musst du entgegengehen“ 56

FRÜH-/SPÄTSCHICHTEN IN DER FASTENZEIT MIT LIEDERN AUS DEM GOTTESLOB

SCHONUNGSLOSER BLICK
„Meine engen Grenzen“ 60

VON UNTEN HERAB
„Aus der Tiefe rufe ich zu dir“ 63

NICHT UMSONST
„Hilf, Herr meines Lebens“ 66

VERTRAUTES HÖREN
„Stimme, die Stein zerbricht“ 68

BLICKFANG
„Kreuz, auf das ich schaue“ 71

VERSTECKSPIEL?
„Und suchst du meine Sünde“ 74

FRÜH-/SPÄTSCHICHTEN IN DER FASTENZEIT MIT NEUEN GEISTLICHEN LIEDERN

SO IST VERSÖHNUNG
„Wie ein Fest nach langer Trauer“ 78

ANS LICHT GEBRACHT
„In der Nacht kommt an den Tag sein Licht“ 81

LIEDER

Im Jubel ernten 81

Und Meine Seele singt 82

Wäre Gesanges voll unser Mund 84

Wie ein Fest nach langer Trauer 86

In der Nacht 88

EINFÜHRUNG

Ein Buch mit Angeboten für Früh- bzw. Spätschichten im Advent und in der Fastenzeit (oder genauer: der österlichen Bußzeit) – warum? Zunächst einmal, weil diese beiden Vorbereitungszeiten auf die Hochfeste Ostern und Weihnachten nach wie vor Zeiten sind, in denen sich Menschen in besonderer Weise ansprechen lassen und sie aufgeschlossen sind für zusätzliche (liturgische) Angebote. Das zeigt sich daran, dass die traditionellen Gottesdienste dieser geprägten Zeiten immer noch gefragt sind, die Roratemessen im Advent und die Kreuzwegandachten in der Fastenzeit. Erstere können allerdings aufgrund der heutigen pfarrlich-gemeindlichen Situation und des zunehmenden Priestermangels vielerorts längst nicht mehr so flächendeckend gefeiert werden wie in der Vergangenheit. Bei den Kreuzwegandachten ist es vielfach wohl eher der Zeitansatz, der gerade Berufstätige von einer Teilnahme abhält. Früh- oder Spätschichten wollen aber keine Konkurrenz, sondern Ergänzung und Erweiterung zu den sonstigen Gottesdiensten sein.

Da ist zum einen die freiere Gestaltungsmöglichkeit, die vielleicht auch eher im Sinne eines „niederschwelligen" Angebots Menschen erreichen kann, die zur traditionellen Liturgie wenig Zugang haben. Zum anderen bieten sie auch einen anderen Zeitansatz – am frühen Morgen bzw. am späten Abend – und können so auch Menschen einladen und erreichen, die zu den sonst üblichen Zeiten keine Gelegenheit zum Mitfeiern haben oder die bewusst einen besonderen zeitlichen Ansatz suchen, an dem es noch oder schon dunkel ist und in dem die christliche Lichtsymbolik besonders zum Tragen kommen kann. Darüber hinaus ist das Anliegen der Früh- und Spätschichten natürlich kein völlig anderes als in jeder Liturgiefeier: zur Ruhe und zu sich selbst zu kommen; die Nähe Gottes „erahnen" und „erspüren" zu können und einem Gedanken in Ruhe in sich Raum geben zu können. Wobei gerade Letzteres in einer freien Feierform sicher leichter möglich ist, als in den fest vorgegebenen Formen der Eucharistiefeier oder bestimmter Andachten. Schließlich bieten die Früh- oder Spätschichten selbstverständlich wie viele andere Angebote auch die Gelegenheit, Gebet und Gemeinschaft miteinander zu verbinden, etwa mit einem gemeinsamen Frühstück oder einem „Dämmerschoppen" im Anschluss.

Die vorliegenden Modelle haben zwei Ansatzpunkte: Geschichten und Lieder. Die Geschichten aus ganz verschiedener Tradition wollen die Weisheit der Menschen und ihre Erfahrungen in den Blick nehmen und sie auf unserem christlichen Hintergrund betrachten. Das typische „-los" der Überschriften (atem-los, zeit-los, glück-los, sinn-los usw.) will bewusst nicht nur etwas Fehlendes beschreiben, sondern auch, was uns von Gott und seinem Sohn Jesus Christus geschenkt, sozusagen „zugelost" ist, das wir aber wieder neu entdecken müssen, so wie wir auf dem Rummel in einem Los den großen Gewinn finden können. Die Geschichten sprechen besonders stark für sich, so dass ihnen nicht noch eigens eine weitere Betrachtung gegeben ist, sondern ihr Wort sich bei den Mitfeiernden erst einmal setzen kann. Die Lieder wiederum greifen auf Texte zurück, die vielen von uns ganz regelmäßig begegnen, die wir häufig singen und die wir vielleicht oft gar nicht so genau bedenken. Dafür soll hier der Raum sein, auch darauf zu achten, was beim Singen und Hören der Lieder mitklingt. Die meisten Lieder sind deshalb aus dem „Gotteslob", dem Gebet- und Gesangbuch unserer Gemeinden genommen. Allerdings sind für den Advent und die Fastenzeit auch erweiternd dazu jeweils zwei Lieder betrachtet, die aus dem Bereich der Neuen geistlichen Lieder stammen, die sich in zahlreichen Liederbüchern wiederfinden und so auch schon verbreitet sind.

Ein wichtiges Grundprinzip der Modelle ist eine ausreichende Zeit der Stille, die Raum zum Nachdenken und Besinnen lässt. Dafür kann, wie angegeben, ruhige Musik eine sinnvolle Unterstützung sein. Wo es möglich ist, darf diese Musik nicht nur aus der „Konserve" kommen (wobei es dort natürlich eine breite Auswahl gut geeigneter Musik gibt), sondern auch „live" musiziert werden, mit Orgel, Klavier, Gitarre, Flöte u. v. m., was wiederum besser das Aufgreifen musikalischer Motive (gerade bei den Liedbetrachtungen) ermöglicht.

Alle Betrachtungen münden schließlich in einen Text aus der Heiligen Schrift, der die in den Geschichten und Liedern auftauchenden Themen aus christlicher Perspektive zu durchdenken einlädt. Die Lesungen sind aus dem Lektionar angegeben. So kommen Texte zur Sprache, die wir auch sonst im Gottesdienst hören. Interessant dabei ist, dass die Zuordnung durchaus aus einer anderen Festzeit stammen kann, als das in der Leseordnung üblich ist. Zudem hören wir die Lesungstexte in der Sprachform, die uns in der Liturgie immer wieder begegnet, was zu einer gewissen Vertrautheit führt, gerade auch mit Blick auf die ab Advent 2018 neu eingeführten Lektionare mit der überarbeiteten Einheitsübersetzung. Das schließt aber nicht aus, dass nach Auswahl der Vorbereitenden und mit Blick auf die Mitfeiernden durchaus die eine oder andere der ca. 30 deutschen Bibelübersetzungen sinnvoll sein und verwendet werden kann.

Schließlich münden die Modelle in die Fürbitten als Antwort der Gemeinde auf die Betrachtungen und Schrifttexte. Sie sind bewusst in der gleichen Form und mit relativ kurzen Bitten gehalten. Ein Fürbittruf kann hinzugefügt werden. In dem vermutlich kleineren Kreis kann aber das persönliche Annehmen der Bitten auch gut in einer Gebetsstille geschehen. Die Bitten sind zumeist an Christus gerichtet. Das entspricht einerseits dem christlichen Erfüllungssinn auch alttestamentlicher Texte, hat andererseits aber auch im Blick, dass in einem „niederschwelligen" Angebot sich manch ein Mitfeiernder mit Jesus, der eben auch wahrer Mensch und uns so nahe ist, als Adressat des Gebetes leichter tun wird.

Die im Buch enthaltenen Geschichten sind das Ergebnis von über 20 Jahren Lose-Blatt-Sammlung aus Arbeitsmaterialien, Handreichungen, von Studienwochen, Exerzitien, Besinnungstagen oder Fortbildungen. Mit einer Ausnahme („Momo" von Michael Ende) haben sie keine konkreten, namentlich bekannten Autoren, finden sich aber an vielen verschiedenen Stellen. So hat z. B. Martin Buber die Erzählungen der Chassidim gesammelt; so hat Pfarrer Willi Hoffsümmer in seinen Büchern zahlreiche Kurzgeschichten zusammengetragen; so hat der Liedermacher Gerhard Schöne manche in seinen Liedern verwendet.

GESTALTUNGSHINWEISE FÜR FRÜH- BZW. SPÄTSCHICHTEN IM ADVENT UND IN DER FASTENZEIT

LICHTRITUS

Die für Vesper oder Abendlob üblicherweise vorgesehene Reihenfolge einer Lichtfeier ist: Lichtritus mit zu entzündender oder schon brennender (Oster-)Kerze und Ruf – Entzünden aller Kerzen – Hymnus – Lichtdanksagung. Das setzt allerdings voraus, dass (so es draußen überhaupt schon dunkel ist) die Mitfeiernden von künstlichem, elektrischem Licht „begrüßt" werden, denn man kann sie nicht in eine finstere Kirche „stolpern" lassen. Deshalb schlage ich für die kleinere, freiere Form der Früh- oder Spätschicht eine andere Reihenfolge vor: die Kerzen im Altarraum (in der Kirche) sind schon entzündet – so begrüßt die Mitfeiernden das ja schon vorhandene, von Gott in Jesus Christus uns geschenkte Licht. Hier kann im Advent der Adventskranz, in der Fastenzeit evtl. ein siebenarmiger Leuchter gut einbezogen werden. Dieses Licht wird in einem Lichtgebet gepriesen und dann, begleitet vom Liedruf, an die Mitfeiernden verteilt. So kann die ganze Feier im Schein der brennenden Kerzen geschehen.

LICHTRITUS ALS MÖGLICHKEIT DER ERÖFFNUNG

Ruf (GL 659):

V Im Namen unseres Herrn Jesus Christus: Licht und Frieden!

A Dank sei Gott.

Lichtdanksagung

Im Advent – am Morgen

Herr Jesus Christus, du bist das Licht der Welt.
Am Morgen eines neuen Tages kommen wir zu dir und halten Ausschau nach dir, denn du bist der aufgehende Morgenstern, in dessen Geburt uns das wahre Licht aufleuchtet.

Wir haben die Kerzen zu deinem Lobpreis entzündet.
Wie ihr Licht das Dunkel erhellt,
so erleuchte unser Leben hell mit deinem Glanz und mit deiner Wahrheit,
der du lebst und herrschst in alle Ewigkeit.

Im Advent – am Abend

Herr Jesus Christus, du bist das Licht der Welt.
Im Dunkel des Abends sind wir zu dir gekommen.
Wir erwarten das Fest deiner Geburt, in der in der Finsternis das Licht aufleuchtet.
Geh in unseren Herzen auf als die Sonne der Gerechtigkeit. Lass uns dich tiefer erkennen als das wahre Licht, das in die Welt gekommen ist.
Schenke uns dein Erbarmen und deine Güte, damit wir bei deiner Ankunft als Kinder des Lichtes offenbar werden, der du lebst und herrschst in alle Ewigkeit.

In der Fastenzeit – am Morgen

Herr Jesus Christus, du bist das Licht der Welt.
Am Morgen eines neuen Tages kommen wir zu dir.
Wie auf das Licht des neuen Tages schauen wir aus nach dem ewigen Licht, das uns in deiner Auferstehung aufleuchtet.
Geh auf über unserem Lebensweg wie die Sonne, damit wir dich finden und das unvergängliche Licht schauen dürfen.
Schenke unserem Leben Zuversicht und Freude und hilf uns, auch das Leben anderer Menschen hell zu machen, der du lebst und herrschst in alle Ewigkeit.

In der Fastenzeit – am Abend

Herr Jesus Christus, du bist das Licht der Welt.
Du bist uns in dieser abendlichen Stunde mit deinem Licht nahe. Höre auf unser Gebet.
Nimm den Todesschatten der Sünde von uns. Sende dein Licht auch in unsere Mitte und
schenke uns in den Bedrängnissen des Lebens Hoffnung und das Vertrauen auf deine Nähe, damit wir

hinfinden zur ewigen Stadt, in der du das Licht bist und alles erleuchtest,
der du lebst und herrschst in alle Ewigkeit.

Gesang GL 365 „Meine Hoffnung und meine Freude"
dabei die Kerzen der Mitfeiernden entzünden

WEIHRAUCHRITUS ZU DEN FÜRBITTEN

Bitten an den Vater

V Allmächtiger und barmherziger Gott, vom Aufgang der Sonne bis zu ihrem Untergang wird dir das Lob gesungen. Zur Ehre deines Namens haben wir den Weihrauch entzündet. So wie er zum Himmel aufsteigt, so mögen unsere Gebete und Bitten zu dir aufsteigen, die wir nun vor dich bringen:

oder

Bitten an den Sohn

V Jesus Christus, Alpha und Omega, Anfang und Ende. Vom Aufgang der Sonne bis zu ihrem Untergang wird dir das Lob gesungen. Zur Ehre deines Namens haben wir den Weihrauch entzündet. So wie er zum Himmel aufsteigt, so mögen unsere Gebete und Bitten zu dir aufsteigen, die wir nun vor dich bringen:

Jetzt (und dann zu jeder Bitte) wird Weihrauch aufgelegt – dazu:

Ruf GL 661,2 oder GL 97

SEGENSBITTE

vgl. GL 13,1

V	Der Herr segne uns und behüte uns. Der Herr lasse sein Angesicht über uns leuchten und sei uns gnädig. Der Herr wende sein Angesicht uns zu und schenke uns Heil. Und so segne uns der allmächtige Gott, der Vater und der Sohn und der Heilige Geist.
A	Amen.

oder GL 671,3

V	Der Friede Gottes, der alles Verstehen übersteigt, bewahre unsere Herzen und Gedanken in der Gemeinschaft mit Christus Jesus. Und so segne uns der allmächtige Gott, der Vater und der Sohn und der Heilige Geist.
A	Amen.

Als ausführlichere Segensgebete sind zu empfehlen GL 13,2 und 13,3.

Für die Auswahl von Schlussliedern sei verwiesen auf das „Gotteslob": die Morgenlieder (GL 81–86), die Abendlieder (GL 89–102) und die Segenslieder (GL 451–453), ebenso auf die entsprechenden Gesänge in den Diözesananhängen.

FRÜH-/SPÄTSCHICHTEN IM ADVENT MIT GESCHICHTEN

RUHE-LOS

„ICH SPIEGELE MICH IM RUHIGEN WASSER"

Zur Eröffnung Musik

Kreuzzeichen (und liturgischer Gruß)

Evtl. Lichtritus mit Gebet (s. S. 11–13)

Einführung Der Advent soll im christlichen Sinn eigentlich eine Vorbereitungszeit, eine Zeit der Stille, der Besinnung, ja sogar des Fastens und der Umkehr sein. Die Lebenswirklichkeit um uns herum sieht freilich ganz anders aus. Die Festfreude wird quasi vorweggenommen in Weihnachtsmärkten, Weihnachtsfeiern, Weihnachtsrummel ..., selbst unsere Gemeinden sind nicht frei davon – und viele Mitmenschen erleben diese Zeit als eine ruhe-lose. Wer heute Morgen (Abend) hierhergekommen ist, sucht den anderen, den eigentlichen Advent. In der Ruhelosigkeit dieser Tage soll uns Ruhe und Stille geschenkt werden.

ruhige Musik

Geschichte Ein Mann hatte von einem Mönch gehört, der als Einsiedler lebte. Er konnte nicht verstehen, warum jemand so zurückgezogen und abgeschieden leben will. Er machte sich deshalb auf den Weg, um den Mönch nach seinen Beweggründen und Erfahrungen zu fragen. Als er zu der Einsiedelei kam und dem Mönch sein Anliegen vorgetragen hatte, führte ihn dieser zu seinem Brunnen. Er nahm einen Stein, warf ihn in das Wasser und sagte zu dem Mann: „Schau in den Brunnen: was siehst du?" „Nichts", antwortete der Fremde, „nur Wasser, das sich bewegt und leichte Wellen schlägt." Der Mönch wartete eine Weile und bat dann den Mann, noch einmal in den Brunnen zu blicken: „Was siehst du jetzt?“ „Jetzt – sehe ich mich selber. Ich spiegele mich im ruhigen Wasser. Ganz deutlich kann ich mein Gesicht erkennen.“ „Siehst du“, antwortete ihm der Mönch, „das ist die Erfahrung der Stille!“

ruhige Musik

Lesung Mt 11,25–30 (14. Sonntag/A)

Fürbitten Jesus lädt uns ein, bei ihm auszuruhen. So lasst uns ihn bitten:

- Für die Menschen, die in dieser Adventszeit ihrer Aufgaben wegen keine Ruhe finden.
- Für die Menschen, die in ihrem Leben stark gefordert und belastet sind.
- Für die Menschen, die auf der Suche nach Sinn und Zukunft ihres Lebens sind.
- Für die Menschen, die sich im Trubel ihres Alltags selbst zu verlieren drohen.

Herr Jesus Christus, du bist gütig zu allen Menschen und willst sie erquicken. Lass uns von dir lernen, Ruhe zu finden für unsere Seele. Dir sei Dank und Lobpreis, heute und in Ewigkeit.

Vaterunser

Segensbitte (s. S. 14)

Schlusslied z. B. GL 218 „Macht hoch die Tür“
oder Musik

GLÜCK-LOS

„WELCH EIN UNGLÜCK – WAS FÜR EIN GLÜCK"

Zur Eröffnung Musik

Kreuzzeichen (und liturgischer Gruß)

Evtl. Lichtritus mit Gebet (s. S. 11–13)

Einführung „Glück und Unglück wohnen eng beisammen, wer weiß schon immer sofort, ob ein Unglück nicht doch ein Glück ist?" So hat es der Dichter Christian Morgenstern einmal ausgedrückt. Wir erleben Dinge, Situationen, Begegnungen, bei denen sich erst im Nachhinein zeigt, ob sie gut oder schlecht waren. Das Leben hält für mich Glück und Unglück bereit und wir können nicht sagen, warum es von Gott so gewichtet ist. Aber das, was ich als glück-los empfinde, kann zu meinem Glücks-los werden. Auch das ist unser Leben.

ruhige Musik

Geschichte Eines Tages lief einem Bauern das einzige Pferd fort und kam nicht mehr zurück. Da hatten die Nachbarn Mitleid mit dem Bauern und sagten: „Du Ärmster! Dein Pferd ist weggelaufen – welch ein Unglück!" Der Landmann antwortete: „Wer sagt denn, dass dies ein Unglück ist?"
Und tatsächlich kehrte nach einigen Tagen das Pferd zurück und brachte ein Wildpferd mit. Jetzt sagten die Nachbarn: „Erst läuft dir das Pferd weg – dann bringt es noch ein zweites mit! Was hast du bloß für ein Glück!" Der Bauer schüttelte den Kopf: „Wer weiß, ob das Glück bedeutet?"
Das Wildpferd wurde vom ältesten Sohn des Bauern eingeritten; dabei stürzte er und brach sich ein

Bein. Die Nachbarn eilten herbei und sagten: „Welch ein Unglück!“ Aber der Landmann gab zur Antwort: „Wer will wissen, ob das ein Unglück ist?“
Kurz darauf kamen die Soldaten des Königs und zogen alle jungen Männer des Dorfes für den Kriegsdienst ein. Den ältesten Sohn des Bauern ließen sie zurück – mit seinem gebrochenen Bein. Da riefen die Nachbarn: „Was für ein Glück! Dein Sohn wurde nicht eingezogen!“

ruhige Musik

Lesung Dtn 30,15–20 (Donnerstag nach Aschermittwoch)

Fürbitten Leben und Glück will Gott uns schenken. So lasst uns ihn bitten:

- Für die Menschen, die mit ihrer Lebenssituation unzufrieden und unglücklich sind.
- Für die Menschen, die sich selbst nicht annehmen können und an sich leiden.
- Für die Menschen, die Gottes Führung in ihrem Leben ganz vertrauen.
- Für die Menschen, die im Beruf oder im persönlichen Leben anderen beistehen und ihnen raten.

Guter Gott, hilf uns, auf dem Weg deiner Gebote deinen Segen zu empfangen und selbst zum Segen zu werden. Dir sei Lob und Dank, heute und in Ewigkeit.

Vaterunser

Segensbitte (s. S. 14)

Schlusslied z. B. GL 221 „Kündet allen in der Not“
oder Musik

SINN-LOS

„WAS IST MEINE AUFGABE?"

Zur Eröffnung Musik

Kreuzzeichen (und liturgischer Gruß)

Evtl. Lichtritus mit Gebet (s. S. 11–13)

Einführung

Was ist der Sinn meines Lebens? Der Katechismus gibt darauf eine Antwort: „Wir sind auf Erden, um Gott zu erkennen und zu lieben, nach seinem Willen das Gute zu tun und einst in den Himmel zu kommen." (Youcat) Wir suchen nach einem Sinn für unser Leben, nach der Aufgabe, die unsere sein kann. Unser Sein soll nicht sinn-los sein. Gott will uns diesen Sinn geben. Das Beispiel von Mose am brennenden Dornbusch zeigt, dass es auch ein unerwarteter Auftrag sein kann, einer, gegen den ich mich zunächst sträube, der aber mein Leben füllen und erfüllen kann. Er will uns in Bewegung bringen für seinen Dienst.

ruhige Musik

Geschichte

Eine der Geschichten der Chassidim erzählt von Rabbi Naftali aus Ropschitz. In seiner Stadt beschäftigten die Reichen, deren Häuser abseits gelegen waren, Wächter, die nachts über ihren Besitz wachen sollten. Bei einem Abendspaziergang begegnete Rabbi Naftali einem solchen Wächter. „Für wen gehst du?", fragte er ihn. Der Wächter sagte es ihm, fügte aber eine Gegenfrage an: „Und für wen geht ihr, Rabbi?" Diese Frage traf ihn im Herz. „Noch gehe ich für niemand", brachte er mühsam hervor. Dann schritt er lange neben dem Wächter auf und nieder. „Willst du mein Diener werden?", fragte er ihn schließlich.

„Das will ich gern“, antwortete der Wächter, „aber was ist meine Aufgabe?“ „Mich zu erinnern“, sagte Rabbi Naftali.

ruhige Musik

Lesung Ex 3,1–8a.10.13–15 (3. Fastensonntag/C)

Fürbitten Gott, der Mose und dem Volk Israel seinen Namen genannt hat, will auch uns ganz nahe sein. So rufen wir:

- Für die Menschen, die ihr Leben in den Dienst Gottes und seiner Botschaft stellen.
- Für die Menschen, die durch ihren Beruf und ihre Arbeit im Dienst am Nächsten stehen.
- Für die Menschen, die im Glauben und im Leben keine Begeisterungsfähigkeit mehr spüren.
- Für die Menschen, die sich durch Arbeitslosigkeit nutzlos und hoffnungslos fühlen.

Barmherziger Gott, du bist da, du sprichst uns an, du stehst uns bei und ermutigst uns. Lass durch dein Feuer in unserem Leben Begeisterung wachsen, der du lebst und herrschst in alle Ewigkeit.

Vaterunser

Segensbitte (s. S. 14)

Schlusslied z. B. GL 220 „Die Nacht ist vorgedrungen“
oder Musik

ERWARTUNGS-LOS

„ICH HABE KEINE ZEIT FÜR DICH"

Zur Eröffnung Musik

Kreuzzeichen (und liturgischer Gruß)

Evtl. Lichtritus mit Gebet (s. S. 11–13)

Einführung Der Advent und die Weihnachtszeit sind von zahlreichen Erwartungen befrachtet. Ein schönes Gefühl, eine selige Zeit soll es werden. Auch religiöse Gefühle haben bei vielen Menschen in dieser Zeit einen Platz. Sie möchten gerade in diesen Tagen etwas von Gott spüren, möchten ihn hören, sehen, ihm begegnen. Nicht wenige werden dabei enttäuscht, weil sie nichts erfahren oder es schnell wieder verblasst. Doch was heißt denn, Gott zu begegnen? Wie kann ich von ihm erfahren, seine Gegenwart spüren und erleben?

ruhige Musik

Geschichte Einer alten Frau hatte Gott versprochen, sie zu besuchen. Sie war sehr stolz darauf! Sie scheuerte und putzte, sie buk und tischte auf. Dann fing sie an, auf Gott zu warten. Bald klopfte es an der Tür. Schnell öffnete sie, aber draußen stand nur ein armer Bettler. Da sagte sie: „Ich warte auf Gott, ich kann dir jetzt nichts geben, geh deiner Wege." Und sie warf ihm die Tür vor der Nase zu. Nach einer Weile klopfte es von Neuem. Schneller noch als beim ersten Mal sprang die alte Frau zur Tür – doch draußen stand nur ein alter Mann. „Ach, ich warte auf Gott. Ich habe heute keine Zeit für dich!" Sprach s und warf die Tür zu. Es dauerte eine Weile, da klopfte es erneut an der Tür. Doch als sie öffnete, stand ein Landstreicher in

Lumpen vor ihr, der sie um ein Dach überm Kopf für die Nacht bat. „Ich warte auf Gott, da kann ich dich nicht aufnehmen!" Und sie schickte ihn fort.
Die Zeit verging, es wurde schon Nacht, doch Gott kam nicht. Betrübt und enttäuscht ging die alte Frau zu Bett. Im Nachtgebet klagte sie Gott, dass er sein Versprechen nicht gehalten habe. Bald schlief sie ein und im Traum erschien ihr Gott. Er sprach zu ihr: „Dreimal habe ich dich aufgesucht, doch dreimal hast du mich fortgeschickt."

ruhige Musik

Lesung Mk 12,28b–34 (31. Sonntag/B)

Fürbitten Jesus gibt uns das Gebot, Gott und den Nächsten zu lieben wie uns selbst. So wollen wir ihn bitten:

- Für die Menschen, die stark auf sich bezogen leben und mit sich selbst beschäftigt sind.
- Für die Menschen, die im Wirken für ihre Mitmenschen müde und schwach geworden sind.
- Für die Menschen, die sich in ihrem Leben vom Evangelium in Anspruch nehmen lassen.
- Für die Menschen, die das caritative und diakonische Wirken der Kirche lebendig halten.

Herr Jesus Christus, der Weg der unbedingten Liebe ist dein Weg. Hilf uns, mit dir diesen Weg zu gehen. Dir sei Dank und Lobpreis, heute und in Ewigkeit.

Vaterunser

Segensbitte (s. S. 14)

Schlusslied z. B. GL 233 „O Herr, wenn du kommst"
oder Musik

FRÜH-/SPÄTSCHICHTEN IM ADVENT MIT LIEDERN AUS DEM GOTTESLOB

AN DIE RÄNDER GEHEN

„WIR ZIEHEN VOR DIE TORE DER STADT"

Zur Eröffnung Musik

Kreuzzeichen (und liturgischer Gruß)

Evtl. Lichtritus mit Gebet (s. S. 11–13)

Einführung „An die Ränder gehen", das ist es, was Papst Franziskus von seiner Kirche erwartet. An die Ränder gehen, das heißt, dorthin gehen, wo sonst niemand hin möchte, wo es unangenehm, vielleicht sogar gefährlich ist. Ist das ein guter Auftrag für den Advent? Stört so eine Erwartung nicht unsere Adventsidylle mit Kerzenschein, Plätzchen, Glühwein …? Es ist aber der Weg Jesu, der zu den Sündern, den Ausgestoßenen, den Aussätzigen gegangen ist. Davon spricht auch ein Lied im „Gotteslob", das wir nun singen wollen.

Lied GL 225 „Wir ziehen vor die Tore der Stadt"

Betrachtung Dieses Lied in unserem Gesangbuch ist eine echte Herausforderung! Zunächst schon einmal musikalisch. Es wandert durch verschiedene Tonarten und Harmonien und ist unbegleitet nur schwer zu singen, man könnte auch sagen: die Harmonien geben der Melodie erst den richtigen Kontext. Das Lied rüttelt musikalisch auf – und unterstreicht damit den Text. Im Advent warten wir auf das Kommen des Herrn. Und manche Zeitgenossen warten dann eben auch nur. Zur wirklich christlichen Erwartung gehört aber auch – fast paradoxerweise – sich selbst auf den Weg zu machen. Der Liedtext ruft uns vor die Tore der Stadt, um dort dem nahenden Herrn zu begegnen. Oft sind es gerade die Hoffnung Suchenden, die sich auf den Weg machen, die, die wirklich etwas erwarten. Wer sich zu und mit Jesus auf den Weg macht, kann Überraschungen erleben. Denn er geht Wege, die sich sonst niemand traut: zu den Verstoßenen, den Abgeschriebenen, den Abgelehnten. So erzählt es die Bibel. Jesus geht gerade dorthin, wo keiner gern hingeht. Er besucht den Zöllner Zachäus, er begegnet der Frau am Jakobsbrunnen, er heilt Kranke, er stellt uns den Samariter als Vorbild vor Augen. Sein Leben ist an ihrer Seite: geboren im Stall in einer Krippe, gelebt ohne den Ort, wo er sein Haupt hinlegen kann, gestorben neben Verbrechern am Kreuz. So sendet er die, die zu ihm gehören wollen: in die Welt, zu den Sorgen und Nöten unserer Tage, an die Ränder des Lebens.

ruhige Musik

Lesung Lk 10,1–9 (14. Sonntag/C – Kurzfassung)
oder Lk 4,14–22a (10. Januar)

Fürbitten Jesus Christus ist gekommen, um den Menschen am Rand der Gesellschaft eine gute Nachricht zu bringen. Ihn bitten wir:

- Für alle Menschen, die aufgrund ihrer Herkunft, ihrer Nationalität oder ihres Glaubens ausgegrenzt und verfolgt werden.
- Für alle Menschen, denen die Brüche ihres Lebensweges schwer zu schaffen machen.
- Für die Obdachlosen und die sozial Schwachen, die keinen Platz in unserer Gesellschaft finden.
- Für die Schwerkranken und jene Menschen, die dem Tod schon nahe sind.

Herr Jesus Christus, du bringst den Armen die frohe Botschaft, den Zerschlagenen Freiheit, den Trauernden Freude. Auf dich hoffen und vertrauen wir, heute und in Ewigkeit.

Vaterunser

Segensbitte (s. S. 14)

Schlusslied z. B. GL 446 „Lass uns in deinem Namen, Herr“
oder Musik

WO KOMMEN WIR DENN DA HIN?

„MACHE DICH AUF UND WERDE LICHT"

Zur Eröffnung Musik

Kreuzzeichen (und liturgischer Gruß)

Evtl. Lichtritus mit Gebet (s. S. 11–13)

Einführung „Wo kommen wir denn da hin?“, diese Frage kann man hören, wenn etwas Neues, Ungewöhnliches, Unerwartetes ins Spiel gebracht wird. „Das haben wir ja noch nie so gemacht! – Das ist ja unerhört! – Das geht ja gar nicht! – Das haben wir doch alles schon probiert!“ – Argumente, die oft gegen neue, andere Wege ins Feld geführt werden.
Von dem Schweizer Theologen und Dichter Kurt Marti gibt es dazu einen sinnreichen Text: „Wo kämen wir denn hin, wenn alle sagten: wo kämen wir hin und keiner ginge, um zu sehen, wohin wir kämen, wenn wir gingen.“

Lied GL 219 „Mache dich auf und werde licht“
(Liedruf drei Mal singen)

Betrachtung Ein Sich-Aufmachen, Losgehen, neue Wege suchen, bringen die meisten Menschen wohl eher mit der Fastenzeit als mit dem Advent in Verbindung. Der wird als besinnliche Zeit empfunden, wo man eigentlich schon angekommen ist – und sich bestenfalls geschäftig aufmacht auf der Suche nach Geschenken und zu „Weihnachtsfeiern“. Der Advent fällt in die dunkelste Zeit des Jahres. Sich dem Dunkel aussetzen, das tun wir im übertragenen Sinn nicht gern. Sich dem Dunkel ganz real aussetzen, ist in unserer hell erleuchteten Welt gar nicht so einfach. Wer sich bewusst ins Dunkel begibt, kann das Licht viel besser sehen und wahrnehmen, nicht nur das ganz helle, sondern gerade auch die kleinen, schwachen Lichter in unserer Welt. Doch darauf kommt es an: Ausschau zu halten nach dem Licht und sich selbst erhellen lassen. Auch in diesem Advent wird sich nicht auf einmal die ganze Welt und mein ganzes Leben ändern, ändern lassen. Wenn ich aber bereit bin, mich auf den Weg zu machen und die kleinen und zarten Lichter suchen zu gehen, die es immer wieder gibt, kann mein Leben heller und freudiger werden. Wenn ich das Licht der Freude und des Glücks, der Hilfsbereitschaft und Barmherzigkeit, des guten Willens und der Versöhnung, des Friedens und der Zufriedenheit erkenne, wird mein Leben heller, dann kann ich selbst Licht werden und ich kann das Licht leichter an andere weitergeben – und damit auch die Welt ein Stück heller werden lassen.

Kanon GL 219 *(im 2-stimmigen Kanon singen)*

Lesung Jes 2,1–5 (1. Adventssonntag/A)

Fürbitten Lasst uns beten zu unserem Herrn Jesus Christus, der das Licht der Welt ist:

- Für alle Menschen, die im Dunkel der Trauer und der Einsamkeit leben. Lass sie dein Licht sehen.
- Für alle Menschen, die im Dunkel von Streit und Unversöhntheit leben. Lass sie dein Licht sehen.
- Für alle Menschen, die im Dunkel von körperlicher und seelischer Not leben. Lass sie dein Licht sehen.
- Für alle Menschen, die im Dunkel von Zukunftsangst und Hoffnungslosigkeit leben. Lass sie dein Licht sehen.

Ja, Herr, lass uns unsere Wege in deinem Licht gehen, damit wir in deinem Namen selbst zu Lichtbringern für das das Dunkel dieser Welt werden. Dir sei Dank in Ewigkeit.

Vaterunser

Segensbitte (s. S. 14)

Schlusslied GL 219 (als 4-stimmigen Kanon singen)
oder Musik

BLÜHENDE LANDSCHAFTEN

„IM JUBEL ERNTEN, DIE MIT TRÄNEN SÄEN“

Zur Eröffnung Musik

Kreuzzeichen (und liturgischer Gruß)

Evtl. Lichtritus mit Gebet (s. S. 11–13)

Einführung „Blühende Landschaften“, die versprach Bundeskanzler Helmut Kohl bei seinen Wahlkampfauftritten im Frühjahr 1990 den Menschen in der ehemaligen DDR. Nicht zuletzt deshalb dürfte seine Partei im selben Jahr große Wahlerfolge erzielt haben. Denn dieser Wunsch nach einem blühenden Leben war und ist gut verständlich. Mittlerweile ist dieses Versprechen vielerorts auch Wirklichkeit geworden, wenngleich es meist viel länger gedauert hat, als anfangs erwartet wurde. Blühende Landschaften sind auch dem Volk Israel in der Bibel durch Gottes Propheten verheißen. Dem so oft geschundenen Volk, das sich auch immer wieder von Gott entfernte, ist Zukunft, Hoffnung auf bessere Zeiten geschenkt.

Lied „Im Jubel ernten, die mit Tränen säen“ (s. S. 81)

Betrachtung Dieses Lied von Textautor Thomas Laubach und Komponist Thomas Quast, beide Musiker der Gruppe „Ruhama“, entstammt dem Singspiel „Ins gelobte Land“ zum Exodus des Volkes Israel aus der Knechtschaft in Ägypten. Es trägt eigentlich den Titel „Lied der Heimkehr“ und ist nach Psalm 126 geschrieben, der von der Heimkehr des Volkes singt. Im Psalm bezieht sich dies auf die Heimkehr aus der Gefangenschaft in Babylon, in der Einordnung des Musikspiels bringt der Text die beiden Befreiungsgeschichten Israels in Verbindung. Gott hat gerettet und wird retten.

Er wird Ernte – Zukunft und Licht – schenken, wo jetzt noch Tränen und Trauer sind. Wie im Traum werden sich die Menschen fühlen, die das erleben. Mit Gott werden sie neue Schritte suchen und wagen, mit ihm werden sie Schritte finden und gehen, werden sie Hoffnung schöpfen und schenken – von und mit Gott. Und dieses neue alte Land wird neu geprägt sein: Denn die Menschen werden miteinander, zueinander und füreinander Schritte finden, Wege wagen und Hoffnung erfahren. Der befreiende Gott schenkt eine neue Qualität des Lebens.

ruhige Musik

Lesung Jes 35,1–10 (Montag 2. Adventswoche)
oder Jes 40,1–11 (Dienstag 2. Adventswoche)

Fürbitten Mit Jesus Christus ist das Reich Gottes angebrochen. Zu ihm wollen wir beten:

- Für alle Menschen, die die befreiende und Mut machende Botschaft Gottes weitersagen.
- Für die Menschen, deren Freiheit von den Mächtigen der Erde beschnitten wird.
- Für alle Menschen, die ihre Heimat verloren haben und auf der Flucht sind.
- Für alle Menschen, die durch konkrete Hilfe weltweit versuchen, bessere Lebensbedingungen für alle zu schaffen.

Du, Herr Jesus Christus, lässt uns Schritte finden und Wege wagen, damit alle Menschen die Botschaft von Hoffnung und Heil erfahren können. Auf dich bauen wir und dich loben wir, heute und in Ewigkeit.

Vaterunser

Segensbitte (s. S. 14)

Schlusslied z. B. GL 221 „Kündet allen in der Not“
oder *Musik*

WAS MIR BEREITET IST

„O HERR, WIR WARTEN AUF DICH"

Zur Eröffnung Musik

Kreuzzeichen (und liturgischer Gruß)

Evtl. Lichtritus mit Gebet (s. S. 11–13)

Einführung Was kann ich denn erwarten? So fragen viele Menschen, wenn sie Zweck und Sinn von etwas erfahren wollen, vielleicht bei einem beruflichen Termin, einer Fortbildung, aber auch privat bei einer Einladung, einer Feier und auch in unseren Gemeinden, wenn zu Festen oder Veranstaltungen eingeladen wird. Wir möchten oft gern wissen, was uns erwartet. Und was erwartet mich bei Gott? Wenn er kommt, wenn er mich ruft?

Lied GL 233 „O Herr, wenn du kommst, wird die Welt wieder neu"

Betrachtung Wenn Gott kommt, wird die Welt wieder neu. Interessant an dieser Aussage ist das „wieder". Es verweist darauf, dass es diese Welt schon gab. Am Anfang der Bibel ist die Rede vom Paradies. Eine Welt, in der alles gut ist. Was jetzt etwas platt und kitschig klingen mag, ist die große Sehnsucht der Menschen seit jeher. Die Propheten haben diese Welt angekündigt. Gott erneuert die Welt in seinem Kommen. Wir glauben, dass Gott mit Jesus, seinem Sohn, einen neuen Anfang gesetzt hat – den Beginn des Reiches Gottes. Mit der Verkündigung der guten Nachricht, der frohen Botschaft, ist es schon da, ist es mitten unter uns. Paradiesische Zustände sind uns verheißen, wenn Gott wirklich die Mitte unseres Lebens, unseres Redens und Handelns sein wird.

Eine Verheißung ist: Es kommt Licht in unser Dunkel. Schon immer hat die Dunkelheit, die Nacht den Menschen Angst gemacht. So steht das Bild von der Dunkelheit symbolisch für all das in unserem Leben, was uns ängstigt, was uns traurig macht, was uns den Lebensmut nimmt. Die zweite Strophe unseres Liedes lässt aber noch einen weiteren Aspekt aufleuchten. Wir sollen – wie die klugen Jungfrauen im Gleichnis – den kommenden Herrn mit brennenden Lampen erwarten. Er kommt im Dunkel, wenn die Nacht bis zur Mitte gelangt ist. Dann sollen wir für ihn bereit sein. Die brennenden Lichter können zeichenhaft für das stehen, wo schon Licht in unserem Leben ist, für Taten der Nächstenliebe. Da, wo Menschen schon barmherzig und hilfsbereit sind, wo geteilt und wo Streit geschlichtet und Versöhnung geschaffen wird.
Eine der großen Hoffnungen der Menschen ist ein Leben ohne Leid. Das wäre für viele das Paradies. Aber wir erleben unsere Welt als eine leidende: durch Krieg und Gewalt, durch Ungerechtigkeit und Verfolgung, durch Not und Elend, durch Zerstörung der Umwelt und auch ganz persönlich durch schwere Krankheiten und die Einschränkungen unseres Lebens, zum Beispiel durch eine Behinderung. Gottes Erlösung wird alles befreien, das Leid wird von seiner Klarheit durchstrahlt. Das Beispiel Jesu zeigt uns, dass dieser Weg aber auch der Weg durch den Tod zur Auferstehung ist, dass es eine Liebe ohne Leiden erst in Gottes Vollendung geben wird. Frieden, Gerechtigkeit und Bewahrung der Schöpfung sind uns anvertraut, mit Gottes Hilfe, bis er kommt.
Ein Leben mit Gott, ein Leben in Gottes Liebe ist wie ein großes Fest. Freude, Glück und Fülle zeichnen es aus. In einer satten und manchmal auch übersättigten Welt ist es nicht leicht, eine Freude über die Einladung zu einem solchen Fest zu empfinden. Und sich auf den Weg zu machen, um Gottes Einladung zu folgen. Doch trotz eines Lebens in „Hülle und Fülle“ sind Menschen innerlich hungrig nach wahrem Leben. Trotz vieler medizinischer Fortschritte haben

wir Krankheit und Tod nicht besiegt. Und trotz eines guten Lebens für die meisten Menschen in Europa haben wir Not und Elend in einem großen Teil der Welt. Wir haben von Gott noch etwas zu erwarten, das es lohnt, ihm entgegen zu laufen und sich auf seine Ankunft in unserer Welt, in unserem Leben zu freuen.

ruhige Musik

Lesung Jes 25,6–10a (28. Sonntag/A
oder Mittwoch der 1. Adventswoche)

Fürbitten Unser Herr Jesus Christus ist der Retter, in dem uns Gottes Hoffnung und Erlösung erschienen ist. Zu ihm lasst uns rufen:

- Für alle Menschen, die ihr Leben nur im Dunkel sehen, die auf der Schattenseite des Lebens stehen müssen, die den Lebensmut verloren haben.
- Für die Menschen, die die Frohe Botschaft von Gottes Reich verkünden und dabei Desinteresse und Ablehnung erfahren.
- Für alle Menschen, die sich in unserer Welt für Frieden, für Gerechtigkeit und für die Bewahrung der Schöpfung einsetzen.
- Für alle Menschen, die Hunger und Durst leiden müssen, denen das Nötigste zum Leben fehlt und die nicht wissen, wovon sie morgen leben können.

Gottes Macht ist unsere Hoffnung. Auf ihn setzen wir unser Vertrauen, er wird uns retten. Darauf bauen und hoffen wir durch Christus, unseren Herrn.

Vaterunser

Segensbitte (s. S. 14)

Schlusslied z. B. GL 218 „Macht hoch die Tür“
oder Musik

FRÜH-/SPÄTSCHICHTEN IN DER ADVENTSZEIT MIT NEUEN GEISTLICHEN LIEDERN

MEINE SEELE SINGT

REVOLUTION IN EINER ERBARMUNGSLOSEN WELT

Zur Eröffnung Musik

Kreuzzeichen (und liturgischer Gruß)

Evtl. Lichtritus mit Gebet (s. S. 11–13)

Einführung Eine besondere adventliche Gestalt ist Maria, die Mutter Jesu. Ihre Haltung des Erwartens, die Gottes Botschaft Raum in ihrem Leben gibt, darf uns Vorbild sein. Zu Maria gehört unbedingt auch ihr Lied, das Magnifikat. Es zeigt uns eine Frau, die ihre Welt im Blick hat und die auf Gottes Wirken in dieser Welt setzt. Das Magnifikat ist Zeichen dafür, dass Frömmigkeit und Gottesfurcht einerseits und der Wille und das Bewusstsein zur Veränderung der Welt einander nicht ausschließen. Der Advent ist so verstanden auch eine Zeit des Umbruchs, des Überdenkens der Selbstverständlichkeiten der Welt und des Vertrauens, dass unser Gott dabei mit uns ist und mit uns geht.

Lied „Und meine Seele singt“ (s. S. 82)

Betrachtung Das Magnifikat, das Loblied Marias, steht in der Tradition der großen Loblieder der Bibel. Die Frau, die hier Gott singt, ist eine im Glauben selbstbewusste Frau, die eine Ahnung davon bekommen hat, wie es ist, wenn Gott einen Menschen fordert und fördert. Das Magnifikat, das sie singt, ist ein revolutionäres Lied. Der Revolutionär ist Gott selbst, der die Üblichkeiten dieser Welt auf den Kopf stellt. Unser Magnifikat-Lied greift einige dieser Aspekte heraus.
Als erstes: Gott sieht uns an wie keiner, so wie wir sind und damit anders als alle anderen. Menschen

beurteilen einander oft nach dem Augenschein, dem Äußeren oder nach dem ersten Eindruck, ersten Erfahrungen. Manchmal hat man dann schon verloren. Wer nicht dem üblichen Rahmen entspricht, wer auch mal sein ehrliches Gesicht zeigt, kann damit leicht anecken und voreingenommen betrachtet werden. Gott sieht in unser Herz, er kennt uns von innen heraus und hat mit uns Geduld. Das lässt aufleben.

Ein zweiter Aspekt: Wir erleben in vielerlei Hinsicht eine erbarmungslose Welt. Eine Welt, in der die Starken sich durchsetzen, in der Leistungsfähigkeit und Ellenbogen, Anpassungsfähigkeit und Anbiederung gefordert sind, eine Welt, die Meinungsfreiheit und Freiheit des Handelns nicht zulässt. Gott aber begegnet uns mit Erbarmen, er will uns als seine Geschöpfe, seine Kinder leben lassen, die nicht immer perfekt sein müssen und die in seiner Güte ihre Welt gestalten. Das lässt wieder aufatmen.

Ein dritter Gedanke: Gott macht die Macht der Welt machtlos. Viele Menschen machen die Erfahrung, gegen die Mächtigen keine Chance zu haben. Das beginnt manchmal schon bei Behörden, gegen die man scheinbar nicht ankommt, setzt sich fort in Politikverdrossenheit, weil man ja nicht wirklich etwas bewegen kann und geht hin bis zur Situation in unserer Welt, der wir oft ohnmächtig und hilflos gegenüberstehen. Ja, auch Zweifel an Gottes Macht und Wirken gehören für manche Menschen dazu. Und dann gibt es doch immer wieder Punkte, wo die Kleinen aufstehen und groß werden und ihr Engagement gewürdigt wird, zum Beispiel durch den Friedensnobelpreis, der in den vergangenen Jahren häufig vorher eher unbekannten Menschen verliehen wurde, die in ihrem Bereich und mit ihren Möglichkeiten den Mächtigen etwas entgegensetzen.

Und schließlich: Gott erfüllt die Sehnsucht der Menschen, die mit ganzem Herzen nach ihm suchen. Viele Zeitgenossen glauben, in materiellen Dingen das Heil oder zumindest Sicherheit zu finden. Gott aber will uns satt machen in unserer Seele. Die Begegnung mit Jesus hat Menschen in ihrer Not satt gemacht, Hungrige, aber auch Kranke, Ausgestoßene und Hoffnungslose. Wer ihm auch heute begegnet, tritt ein in Gottes ewigen Bund mit uns Menschen.

ruhige Musik

Lesung Lk 1,46–55 (Magnifikat bzw. Messe vom 22. Dezember)

Fürbitten Die Gottesmutter Maria hat uns Jesus Christus geboren, den Retter und Erlöser. Zu ihm rufen wir:

- Für alle Menschen, die gehetzt und gestresst sind, die keine Beachtung und Anerkennung erfahren.
- Für alle Menschen, die auf der Flucht vor Krieg und Elend sind und eine neue Heimat suchen.
- Für alle Menschen, die durch Unterdrückung und Gewalt leiden müssen und Freiheit ersehnen.
- Für alle Menschen, die obdachlos sind und hungern müssen, die sich hilflos und wertlos fühlen.

Herr Jesus Christus, in dir ist die Barmherzigkeit des Vaters sichtbar geworden. Du liebst uns Menschen und begleitest uns in deinem Erbarmen. Dir sei Preis und Dank, jetzt und alle Tage unseres Lebens.

Vaterunser

Segensbitte (s. S. 14)

Schlusslied z.B. GL 395 „Den Herren will ich loben“
oder Musik

AUSREICHEND

„WÄRE GESANGES VOLL UNSER MUND"

Zur Eröffnung Musik

Kreuzzeichen (und liturgischer Gruß)

Evtl. Lichtritus mit Gebet (s. S. 11–13)

Einführung Der Advent ist eine Zeit der Vorbereitung. Wir warten auf das Kommen Christi. Zum einen bereiten wir uns auf die Feier seiner Geburt vor. Dieses Ausschau-Halten jährlich zu wiederholen, hat den Sinn, danach zu schauen, wie er in meinem Leben schon einen Platz gefunden hat. So dient die Adventszeit der Vergewisserung dessen, was Gott in meinem Leben schon gewirkt hat. Zum anderen bereiten wir uns aber auch auf die Wiederkunft Christi vor. Wir wissen nicht, wann und wie das sein wird. So lädt uns der Advent immer neu ein zu überlegen, welche Rolle Jesus in unserem Leben spielt und ob wir jederzeit bereit wären, ihm zu begegnen, ihm gegenüber zu stehen.

Lied „Wäre Gesanges voll unser Mund" (s. S. 84)

Betrachtung Wer dieses Lied das erste Mal hört oder singt, wird vielleicht trotz aller melodischen Schönheit vom Text erschrocken sein. „… so reichte es nicht, es reichte doch nicht, dich, Gott, unsern Gott, recht zu loben." Das klingt nach einem „Ungenügend", im Zeugnis bedeutet das „nicht bestanden". Ist unser Bemühen, Gott im Leben Platz zu geben, völlig umsonst? Der ursprüngliche Text, nach dem der Autor und Pfarrer Eugen Eckert das Lied geschrieben hat, ist ein hebräischer Gebetshymnus aus einem jüdischen Gebetbuch des Jahres 1892. In den Schriften des Alten Bundes ist noch mehr als im Neuen Testament der ewige, geheimnisvolle, unverfügbare Gott zu spüren. Allerdings bedeutet das nicht, dass der Mensch Gott nicht gerecht werden kann. In einer Präfation heißt es: „Du bedarfst nicht unseres Lobes, es ist ein Geschenk deiner Gnade, dass wir dir danken. Unser Lobpreis kann deine Größe nicht mehren, doch uns bringt er Segen und Heil durch unseren Herrn Jesus Christus." (Präfation für die Wochentage IV) Dem dient unser Gotteslob. Der Gesang unseres Mundes, unser Jubel aus ganzem Herzen, unser preisender Tanz, unsere helfenden Hände, unser Schutz der Schöpfung – all das ist unser Dienst vor Gott. Er erfasst und beschreibt Gottes Größe und Güte nicht, doch ist er nicht ungenügend, sondern ausreichend für unser Heil und unseren Segen, den wir von Gott empfangen.

ruhige Musik

Lesung Dtn 6,2–6 (31. Sonntag/B)

Fürbitten Lasst uns beten zu unserem Herrn Jesus Christus, in dem uns die Güte Gottes erschienen ist:

- Für alle Menschen, die nach dem Sinn ihres Lebens suchen.
- Für alle Menschen, die belastet werden von dem Eindruck, Gott nicht genügen zu können.
- Für alle Menschen, die sich nutzlos fühlen, weil sie keine Arbeit und keine Aufgabe haben.
- Für alle Menschen, die sich für den Erhalt von Gottes Schöpfung einsetzen und gute Lebensbedingungen für alle schaffen wollen.

Lobe den Herrn, meine Seele, und vergiss nicht, was er dir Gutes getan hat. So preisen wir Gott durch Jesus Christus, unseren Bruder und Herrn.

Vaterunser

Segensbitte (s. S. 14)

Schlusslied z. B. GL 399 „Gott loben in der Stille"
oder Musik

FRÜH-/SPÄTSCHICHTEN IN DER FASTENZEIT MIT GESCHICHTEN

ZWEIFEL-LOS

MIT DEM KREUZ UNTERWEGS

Zur Eröffnung Musik

Kreuzzeichen (und liturgischer Gruß)

Evtl. Lichtritus mit Gebet (s. S. 11–13)

Einführung Die österliche Bußzeit lädt uns ein, kritisch auf unser Leben zu schauen. Zumeist wird das so verstanden, dass ich auf meine Fehler und Schwächen schaue. Doch auch etwas anderes ist dabei gemeint: nämlich das in den Blick zu nehmen, was mir mein Leben schwer macht. Das, was ich aushalten muss, was mein Schicksal ist. Wir hören gerade in der Fastenzeit den Ruf Jesu: „Wer mein Jünger sein will, verleugne sich selbst, nehme täglich sein Kreuz auf sich und folge mir nach." Doch ist das viel leichter gesagt als getan. Dennoch gehört auch das zweifellos zu meinem Leben und ich muss mich ihm stellen.

ruhige Musik

Geschichte Eine alte Legende erzählt: Alle Menschen waren mit ihrem Kreuz unterwegs. Sie mühten sich ab mit ihrer schweren Last, die ihnen ihr Leben aufgebürdet hatte. Einem aber war sein Kreuz zu lang, zu schwer. So sägte er kurzerhand ein gutes Stück ab.
Nach langer Pilgerschaft kamen alle an einen Abgrund, den sie überwinden mussten, um ihren Weg zum Ziel weitergehen zu können. Denn keine Brücke führte in das Land, das ihnen ewige Freude und Gottes sichtbare Nähe versprach. Alle legten nach kurzem Zögern ihre Kreuze über den Abgrund. Und siehe da: Sie passten für jeden gerade so, wie es nötig war. Der eine aber, der sein Kreuz abgesägt hatte,

um es leichter zu haben, stand nun betroffen und verzweifelt da.

ruhige Musik

Lesung Mt 16,24–28 (Freitag der 18. Woche)

Fürbitten Jesus ruft uns, ihm nachzufolgen, auch mit unseren Kreuzen. So bitten wir ihn:

- Für alle, die an einer schweren oder unheilbaren Krankheit leiden.
- Für alle, die durch eine Trennung oder einen Verlust eine große Enttäuschung erlebt haben.
- Für alle, die keinen Sinn mehr in ihrem Leben sehen und keine Hoffnung haben.
- Für alle, die um einen lieben Menschen trauern.

Herr Jesus Christus, wer mit dir an seiner Seite sein Leben verliert, wird es gewinnen und dir in das Reich des Vaters folgen. Du bist unsere Hoffnung und Stärke, heute und in Ewigkeit.

Vaterunser

Segensbitte (s. S. 14)

Schlusslied z. B. GL 461 „Mir nach, spricht Christus“
oder Musik

ATEM-LOS

„WENN IHR STEHT, DANN LAUFT IHR SCHON"

Zur Eröffnung Musik

Kreuzzeichen (und liturgischer Gruß)

Evtl. Lichtritus mit Gebet (s. S. 11–13)

Einführung Es gibt die Behauptung, dass früher das Leben ruhiger gewesen wäre. Ob das so stimmt? Denn die Arbeitsbelastung der Menschen war in früheren Zeiten meist nicht geringer oder sogar höher als heute. Dennoch: Viele Menschen sind heute atemlos von den zahlreichen Erwartungen und Terminen ihres Lebens. Es mag daran liegen, dass uns heute viel mehr Möglichkeiten als in früheren Zeiten offen stehen. Vielleicht ist auch die tatsächliche Beschleunigung durch moderne Verkehrsmittel schuld daran, dass sich Menschen als gehetzt empfinden. Aber hat es nicht auch damit zu tun, wie wir selbst unser Leben gestalten? Es geht um unser Bewusst-Sein, darum, sich selbst bewusst zu werden und zu sein, wie wir mit unserem Tun umgehen.

ruhige Musik

Geschichte Ein Mann wurde einmal gefragt, warum er trotz seiner vielen Beschäftigungen immer so glücklich sein könne. Er sagte: „Wenn ich stehe, dann stehe ich, wenn ich gehe, dann gehe ich, wenn ich sitze, dann sitze ich, wenn ich esse, dann esse ich, wenn ich liebe, dann liebe ich …" Dann fielen ihm die Fragesteller ins Wort und sagten: „Das tun wir auch, aber was machst Du darüber hinaus?" Er sagte wiederum: „Wenn ich stehe, dann stehe ich, wenn ich gehe, dann gehe ich, wenn ich …" Wieder sagten die Leute: „Aber das tun wir doch auch!“ Er aber sagte zu ihnen: „Nein – wenn ihr sitzt, dann steht ihr schon, wenn ihr steht, dann lauft ihr schon, wenn ihr lauft, dann seid ihr schon am Ziel.“

ruhige Musik

Lesung Koh 3,1–11 (Freitag der 25. Woche/II)

Fürbitten Gott gibt jedem Geschehen seine Zeit, bei ihm hat alles seine Stunde. So rufen wir zu ihm:

- Für alle, die sich von vielen Anforderungen und Terminen aufgerieben und zerrissen fühlen.
- Für alle, denen es schwerfällt, sich auf ihre Aufgaben einzulassen und zu konzentrieren.
- Für alle, die sich in der Vielfalt der Möglichkeiten und Angebote nicht entscheiden können.
- Für alle, die ihr Leben bewusst leben wollen und dafür auch Abstriche in Kauf nehmen.

Ewiger Gott, du lenkst unsere Zeit und unser Leben. Sei du unser Atem und hilf uns erkennen, was dein Wille für uns ist. Dir sei Dank und Ehre in Ewigkeit.

Vaterunser

Segensbitte (s. S. 14)

Schlusslied z. B. GL 448 „Herr, gib uns Mut zum Hören“
oder Musik

ZEIT-LOS

„IMMER AN DEN NÄCHSTEN SCHRITT DENKEN ..."

Zur Eröffnung Musik

Kreuzzeichen (und liturgischer Gruß)

Evtl. Lichtritus mit Gebet (s. S. 11–13)

Einführung Viele Aufgaben prägen meinen Alltag. „Alles, und zwar gleichzeitig und sofort", so wird unsere Zeit beschrieben und empfunden. „Ich weiß gar nicht mehr, wo mir der Kopf steht", so sagen es Menschen manchmal selbst. Mir fehlt scheinbar Zeit, mein Leben scheint zeit-los zu sein. Vielleicht liegt heute wieder so ein Tag vor mir (hinter mir). Innehalten und Ruhe finden, dabei können Zeiten wie diese jetzt helfen. Aber mitten im Alltag, was hilft da, um alles zu schaffen?

ruhige Musik

Geschichte Der alte Straßenkehrer Beppo verrät seiner Freundin Momo sein Geheimnis. Das ist so: „Manchmal hat man eine sehr lange Straße vor sich. Man denkt, die ist so schrecklich lang; das kann man niemals schaffen, denkt man. Und dann fängt man an, sich zu eilen. Und man eilt sich immer mehr. Jedes Mal, wenn man aufblickt, sieht man, dass es gar nicht weniger wird, was noch vor einem liegt. Und man strengt sich noch mehr an, man kriegt es mit der Angst zu tun und zum Schluss ist man ganz außer Puste und kann nicht mehr. Und die Straße liegt immer noch vor einem. So darf man es nicht machen. Man darf nie an die ganze Straße auf einmal denken, verstehst du? Man muss immer nur an den nächsten Schritt denken, an den nächsten Atemzug, an den nächsten Besenstrich. Dann macht es Freude; das ist wichtig, dann macht man seine Sache gut. Und so soll es sein. Auf einmal merkt man, dass man Schritt für Schritt die ganze Straße gemacht hat. Man hat gar nicht gemerkt wie, und man ist nicht außer Puste. Das ist wichtig."

(aus: Michael Ende, Momo. Thienemann, Stuttgart – Wien 1973)

ruhige Musik

Lesung Jes 40,25–31 (Mittwoch der 2. Adventswoche)

Fürbitten Gott ist die wirkliche Kraft unseres Lebens. So bitten wir ihn:

- Für alle, die mit ihren eigenen Möglichkeiten unzufrieden sind.
- Für alle, die sich selbst ihre Schwächen und Begrenzungen eingestehen müssen.
- Für alle, die an den Umwegen ihres Lebens zu verzweifeln drohen.
- Für alle, die den Eindruck haben, den Ansprüchen ihrer Mitmenschen nicht gerecht zu werden.

Starker Gott, sei du bei uns auf unseren Wegen und in unserem Tun, dass wir nicht matt und müde werden, sondern deine Kraft erfahren. Auf dich hoffen und vertrauen wir, heute und in Ewigkeit.

Vaterunser

Segensbitte (s. S. 14)

Schlusslied z. B. GL 419 „Tief im Schoß meiner Mutter gewoben"
oder Musik

ACHTUNGS-LOS

„ICH LAUFE MEINEM SCHATTEN DAVON"

Zur Eröffnung Musik

Kreuzzeichen (und liturgischer Gruß)

Evtl. Lichtritus mit Gebet (s. S. 11–13)

Einführung Die österliche Bußzeit lädt uns ein, kritisch auf unser Leben zu schauen. Nicht, weil ich mich vor Gott klein machen müsste. Im Gegenteil, Gott will mich aufrichten – und deshalb darf ich auch das vor ihn bringen, was mich im Leben klein macht: das Dunkle, Schwache und Unvollkommene in meinem Leben. Es gibt meine Lichtseiten, aber auch meine Schattenseiten. Ihnen darf ich mich im Licht Gottes stellen, ich muss nicht vor ihnen weglaufen. Ich darf mit Gott auch mit ihnen achtsam umgehen, sie annehmen lernen.

ruhige Musik

Geschichte Eine Geschichte aus der Weisheit Asiens erzählt von einem Mann, der unbedingt seinen Schatten loswerden wollte. Ja, der Anblick seines eigenen Schattens ängstigte ihn so sehr, dass er beschloss, ihn hinter sich zu lassen. Er sagte zu sich: Ich laufe ihm einfach davon, irgendwann wird er mir nicht mehr folgen können. So stand er auf und lief davon. Aber der Schatten folgte ihm mühelos. So lief er immer schneller und schneller, solange, bis er schließlich tot zu Boden sank.

ruhige Musik

Lesung Eph 5,8–14 (4. Fastensonntag/A)

Fürbitten Jesus Christus ist das wahre Licht der Welt, das Dunkel und Finsternis überwindet. Ihn bitten wir:

- Für alle, denen es schwer fällt, einen Weg zu sich selbst zu finden.
- Für alle, die in ihrem Leben viel Dunkel und Enttäuschung, aber kein Licht sehen können.
- Für alle, die mit ihrem Tun und Leben hadern und sich vor sich selbst und Gott schämen.
- Für alle, die auf Licht und Freude in ihrem Leben hoffen und das wahre Leben suchen.

Herr Jesus Christus, wer von dir erleuchtet ist, bringt Güte, Gerechtigkeit und Wahrheit hervor. Lass uns diesen Weg mit dir gehen und mit dir zum Licht gelangen, heute und alle Tage unseres Lebens.

Vaterunser

Segensbitte (s. S. 14)

Schlusslied z. B. GL 428 „Herr, dir ist nichts verborgen"
oder Musik

SELBST-LOS

„WARUM BIST DU NICHT DAS GEWORDEN, WAS DU HÄTTEST WERDEN SOLLEN?"

Zur Eröffnung Musik

Kreuzzeichen (und liturgischer Gruß)

Evtl. Lichtritus mit Gebet (s. S. 11–13)

Einführung

Wer bin ich eigentlich? Und was ist meine Aufgabe im Leben? Wir brauchen oft lange, bis wir erkennen, was in uns steckt, was wir können, wozu wir von Gott gerufen sind. So wären wir oft lieber etwas Besseres, Größeres, Bedeutenderes, Perfekteres und werden dabei uns selbst los, verlieren uns. Doch Gott hat mich ins Leben gerufen, damit ich „Ich selbst" bin und immer mehr werde.

ruhige Musik

Geschichte

Eine Geschichte der Chassidim erzählt von Rabbi Sussja. Er war sehr alt geworden und schon sieben Jahre auf dem Krankenbett gelegen. Einmal sagte er seinen Schülern, die ihn besuchten, was für ihn die Frage aller Fragen war: „Wenn ich einmal in den Himmel komme, wird man mich nicht fragen: Warum bist du nicht Mose gewesen? Man wird mich vielmehr fragen: Warum bist du nicht Sussja gewesen? Man wird mich nicht fragen: Warum hast du nicht das Maß erreicht, das der größte und gewaltigste Glaubende unserer Religion gesetzt hat? Sondern man wird mich fragen: Warum hast du nicht das Maß erfüllt, das Gott dir ganz persönlich gesetzt hat? Warum bist du nicht das geworden, was du hättest werden sollen?"

ruhige Musik

Lesung Mt 23,1–12 (31. Sonntag/A)

Fürbitten Jesus ruft uns zum Dienst in seinem Namen. So bitten wir ihn:

- Für alle, die nicht sich selbst, sondern das Evangelium in ihrem Leben groß sein lassen.
- Für alle, die eine Aufgabe gefunden haben, die sie erfüllt und für die sie brennen.
- Für alle, die um der Wahrhaftigkeit und Glaubwürdigkeit willen auch Nachteile hinnehmen.
- Für alle, die durch Amt und Titel berufen sind, Gottes Größe und Liebe zu bezeugen.

Herr Jesus Christus, du machst die Menschen groß, die sich um des Nächsten willen klein machen. Sei du die Kraft für unseren Weg und der Glaube, der uns frei macht. Dir sei Lob und Dank in Ewigkeit.

Vaterunser

Segensbitte (s. S. 14)

Schlusslied z. B. GL 446 „Lass uns in deinem Namen, Herr“
oder Musik

HALT-LOS

„DEM GLÜCK MUSST DU ENTGEGENGEHEN"

Zur Eröffnung Musik

Kreuzzeichen (und liturgischer Gruß)

Evtl. Lichtritus mit Gebet (s. S. 11–13)

Einführung Jeder Mensch will glücklich sein. Das ist ganz normal und verständlich. Es ist eine große Antriebskraft unseres Lebens. Glück – das kann ein Partner sein, die Familie, gute Freunde, ein Zuhause, eine erfüllende Tätigkeit, Interessen und Hobbys. Das alles kann meinem Leben Halt, Zufriedenheit geben. Doch obwohl wir viele Möglichkeiten haben, sind manche Menschen unglücklich. Es ist nicht einfach zu erkennen, was mein Glück ist. Ich kann mich vielleicht nicht entscheiden, ich möchte lieber noch weiter suchen. Und empfinde mein Leben als glücklos, als haltlos. Ob ich unglücklich werden kann, wenn ich immer noch anderes, größeres Glück suche? Erkenne ich den Schatz in meinem Leben, das Wertvolle, das schon da ist?

ruhige Musik

Geschichte Eine Geschichte erzählt von einem Mann, der sein Glück suchte. Immer hatte er den Eindruck, sein Glück verpasst zu haben. Also beschloss er, dem Glück nachzulaufen, um es zu finden und festzuhalten. Doch so sehr er sich auch bemühte, er konnte sein Glück einfach nicht einholen. Schließlich war er nicht nur immer unglücklicher, sondern auch völlig erschöpft und sank zu Boden. Da kam ein alter Mann vorbei und fragte ihn, was ihm das Leben so schwer mache. „Ich laufe meinem Glück nach, doch ich kann es nicht erreichen“, sagte der am Boden Liegende. Der Alte erwiderte ihm: „Das Glück findest du nicht, wenn du ihm nachläufst. Du musst ihm entgegen gehen – dann wirst du ihm begegnen und es wird dich finden!“

ruhige Musik

Lesung Mt 13,44–46 (17. Sonntag/A – Kurzfassung)

Fürbitten „Du bist mein Glück“, so sagt der Psalmbeter zu Gott. Darum wollen wir ihn bitten:

- Für die Menschen, die im Glauben Heimat und Glück suchen.
- Für die Menschen, die auf der Suche nach dem richtigen Lebenspartner sind.
- Für die Menschen, die den Schatz ihres Lebens noch nicht erkannt und gefunden haben.
- Für die Menschen, denen ihr Leben sinnlos erscheint und die keine Aufgabe für sich sehen.

Gott, unser Glück, in deinem Sohn Jesus Christus hast du uns das Leben in Fülle geschenkt. Lass uns mit ihm auf seinen Wegen gehen, der mit dir lebt und uns liebt, heute und alle Tage unseres Lebens.

Vaterunser

Segensbitte (s. S. 14)

Schlusslied z. B. GL 368 „O lieber Jesu, denk ich dein“
oder Musik

FRÜH-/SPÄTSCHICHTEN IN DER FASTENZEIT MIT LIEDERN AUS DEM GOTTESLOB

SCHONUNGSLOSER BLICK

„MEINE ENGEN GRENZEN"

Zur Eröffnung Musik

Kreuzzeichen (und liturgischer Gruß)

Evtl. Lichtritus mit Gebet (s. S. 11–13)

Einführung Wir leben in einer Zeit und Gesellschaft, in der es oft darauf ankommt, sich selbst gut und positiv darzustellen. Wer sich auf eine Stelle bewirbt, wer einen Auftrag bekommen will, wer sich für ein Amt zur Wahl stellt, muss natürlich zunächst einmal zeigen, was in ihm steckt, was von ihm Gutes zu erwarten ist. So weit, so gut.
Nur, wenn der Blick dafür verloren geht, dass es auch Schwächen und Fehler in meinem Leben gibt, dass es auch Versagen und Schuld gibt, dann wird es kritisch. Wahrscheinlich kennen wir Menschen, denen der realistische Blick auf sich fehlt. – Doch geht es uns nicht manchmal auch so? Die österliche Bußzeit lädt ein zu einem schonungslosen Blick auf uns selbst. Nicht, um uns selbst niederzumachen, sondern um Gott das bringen zu können, was nur er wandeln und verwandeln kann.

Lied GL 437 „Meine engen Grenzen"

Betrachtung Wer setzt sich schon gern mit dem auseinander, was in seinem Leben dunkel ist? Und doch gibt es das – auch in meinem Leben. Und ich darf es Gott hinhalten, ihm übergeben.
Meine engen Grenzen und meine kurze Sicht – meine Vorurteile, meine Begrenztheit, mein vorschnelles Urteil, mein „Nicht-aus-meiner Haut-Können", mein Blick nur auf das Naheliegende.

Meine ganze Ohnmacht, was mich beugt und lähmt – die Punkte und Situationen, an denen ich nicht weiterkomme, mein Vermögen nicht ausreicht, wo mir Grenzen gesetzt werden.
Mein verlorenes Zutrauen, meine Ängstlichkeit – die Momente, in denen ich meine Schwäche spüre, mich selbst klein fühle, meine Courage und mein sonstiges Selbstbewusstsein dahin sind.
Meine tiefe Sehnsucht nach Geborgenheit – wenn ich meine Bedürftigkeit wahrnehme, wenn ich wieder das kleine Kind, der verletzliche Mensch bin und nicht der starke Mann, die starke Frau.
Dann will Gott mir begegnen. Dann kann und will er mir Weite schenken, den neuen Blick. Dann kann und will er mir Stärke schenken durch seinen Geist, die mich aufrichtet. Dann kann und will er mir Wärme schenken, die mir Mut macht. Dann kann und will er mir Heimat schenken und meine Sehnsucht stillen.

ruhige Musik

Lesung Röm 10,8–13 (1. Fastensonntag/C)

Fürbitten Jesus Christus ist der Herr. Wer seinen Namen anruft, wird gerettet werden. So bitten wir ihn:

- Für die Menschen, die an die Grenzen ihrer Möglichkeiten und ihrer Leistungsfähigkeit stoßen.
- Für die Menschen, die angesichts der Situation der Welt und ihres Lebens nur noch Ohnmacht empfinden.
- Für die Menschen, die aus Angst und Mutlosigkeit heraus andere für ihr Unglück verantwortlich machen.
- Für die Menschen, die sich getrieben und entwurzelt, die sich heimatlos und verlassen fühlen.

Gott, wer im Herzen deinem Sohn glaubt und ihn mit dem Mund bekennt, dem schenkst du aus deinem Reichtum die Fülle des Lebens. Darauf vertrauen wir in ihm, Christus, unserem Bruder und Herrn.

Vaterunser

Segensbitte (s. S. 14)

Schlusslied z. B. GL 424 „Wer nur den lieben Gott lässt walten“
oder Musik

VON UNTEN HERAB

„AUS DER TIEFE RUFE ICH ZU DIR"

Zur Eröffnung Musik

Kreuzzeichen (und liturgischer Gruß)

Evtl. Lichtritus mit Gebet (s. S. 11–13)

Einführung Es gibt Menschen, die ein Auftreten an den Tag legen, das andere immer klein und dumm dastehen lässt. Wir sagen dann: „Der kommt mir von oben herab." Unser Gott aber ist einer, der uns nicht so kommt. Er macht sich klein und niedrig, steht an der Seite der Armen und Schwachen, ist denen nahe, die für andere einstehen und sich ihrer annehmen. Wer sich selbst erniedrigt, wird bei ihm groß sein.

Lied GL 283 „Aus der Tiefe rufe ich zu dir"

Betrachtung „Ganz unten" – 1985 machte ein Buch des Autors und Journalisten Günter Wallraff Schlagzeilen. Er hatte über längere Zeit, sich als türkischer Mitbürger ausgebend, Arbeits- und Lebensumstände von Ausländern in Deutschland untersucht. Alltägliche Ausländerfeindlichkeit, aber auch Menschenrechtsverletzungen mit Zuständen, die man nur aus vergangenen Jahrhunderten zu kennen glaubte, deckte Wallraff auf. „Ich weiß immer noch nicht, wie ein Ausländer die täglichen Demütigungen, die Feindseligkeiten und den Hass verarbeitet. Aber ich weiß jetzt, was er zu ertragen hat und wie weit die Menschenverachtung in diesem Land gehen kann" – so formulierte der Autor seine Erfahrungen. „Ganz unten" – so empfand er das Erlebte.

Auch heute gibt es Menschen, die sich ganz unten erleben. Deren Situation niemanden interessiert, deren

Fragen und Klagen keiner hören will. Nicht die nächsten Mitmenschen, nicht die Gesellschaft, nicht die Kirche, nicht die Gemeinde. Das Flehen, das drohende Untergehen, die Verlorenheit haben keinen Platz. Die Gründe dafür sind vielfältig: die Herkunft, die Volkszugehörigkeit, die soziale Situation. Auch das religiöse Leben kann Ursache für Ausgrenzung sein. So empfindet sich der Beter von Psalm 130, nach dem unser Lied gebildet ist. Wer ganz unten ist, kann vielleicht am ehesten wirklich nach oben schauen, weil nur Gott seine Zuflucht ist. Gott will meine Klagen und Fragen, ja mein ganzes Flehen hören. Er öffnet sein Ohr für mich. So kann er für mich die Hoffnung sein, er, dem ich sage: Nur dir will ich vertrauen – auf dein Wort will ich bauen.

ruhige Musik

Lesung Jer 17,5–10 (Donnerstag der 2. Fastenwoche)

Fürbitten In seinem Sohn Jesus Christus hat Gott ein offenes Ohr für unsere Anliegen und Nöte. So rufen wir:

- Für alle Menschen, deren Fragen und Klagen niemand hören will, die kein zuhörendes Ohr in unserer Gesellschaft und Kirche finden.
- Für alle Menschen, die unter menschenunwürdigen Bedingungen leben müssen, vor allem in den ärmsten Ländern der Welt.
- Für alle Menschen, deren Lebensträume zerbrochen und deren Lebensentwürfe zerstört sind, die auf der Suche nach Sinn und Ziel sind.
- Für alle Menschen, die ihre Hoffnung allein auf Gott setzen und die bewusst nach seinem Wort leben und darauf bauen.

Herr Jesus Christus, bei dir ist Barmherzigkeit, bei dir ist Erlösung in Fülle. Du bist unsere Zuflucht, heute und in Ewigkeit.

Vaterunser

Segensbitte (s. S. 14)

Schlusslied z. B. GL 277 „Aus tiefer Not schrei ich zu dir“
oder Musik

NICHT UMSONST

„HILF, HERR MEINES LEBENS"

Zur Eröffnung Musik

Kreuzzeichen (und liturgischer Gruß)

Evtl. Lichtritus mit Gebet (s. S. 11–13)

Einführung Gott ist der Herr unseres Lebens, er hat uns ins Leben gerufen, es uns geschenkt. Und Gott hat seine Freude, wenn wir mit diesem Leben für ihn Zeugnis geben, wenn wir die Tage, die Stunden und unsere Möglichkeiten und Fähigkeiten nutzen, nach seinem Willen zu leben. Dieser Wille ist, ihn zu lieben und unsere Mitmenschen zu lieben sowie auch uns selbst. Er, der Herr unseres Lebens, unserer Tage, unserer Stunden und unserer Seele schenkt uns dazu die Kraft.

Lied GL 440 „Hilf, Herr meines Lebens"

Betrachtung Für viele gehört das Lied, das wir gerade gesungen haben, zu den besten und gelungensten, wie es auch schon im früheren „Gotteslob" war. Ein Lied, das in einfachen, kurzen Worten von unserem christlichen Lebensauftrag spricht. Es gibt auch Menschen, die sich von diesem Liedtext irgendwie unter Druck gesetzt fühlen. Denn es handelt schon auch von einem hohen Anspruch an uns. Es gibt wohl im Leben eines jeden von uns Dinge, die wir als umsonst, vergebens empfunden haben. Unser Leben als Christen sollte aber nicht umsonst, nicht vergebens sein. Das meint unser Verhältnis zum Nächsten, zu den Menschen, mit denen wir leben. Wenn wir bitten, ihnen nicht zur Plage zu sein, dann meint das nicht „dem anderen auf den Wecker gehen", sondern die Frage, ob wir dem Nächsten etwas schuldig bleiben. Vielleicht, weil ich zu sehr an mich gebunden, zu sehr mit mir beschäftigt bin und daher dort fehle, wo ich nötig wäre. Das Leben als Christ ist ein Leben im Dienst am Nächsten und so an Gott. Das heißt nicht, dass ich mich selbst verlieren soll, im Gegenteil: Bei mir zu sein, mich selbst annehmen und lieben zu können, ist die Voraussetzung dafür, wirklich Gott und die Mitmenschen lieben und ganz bei ihnen sein zu können.

ruhige Musik

Lesung Jes 58,7–10 (5. Sonntag/A)

Fürbitten Jesus Christus hat uns das Gebot gegeben, Gott und den Nächsten zu lieben wie uns selbst. Ihn bitten wir:

- Für alle, die Gott lieben wollen, aber sich schwer tun, ihn in ihrem Leben zu spüren.
- Für alle, denen es schwer fällt, ihre Mitmenschen zu ertragen und ihnen wo nötig beizustehen.
- Für alle, die sich selbst nicht annehmen, akzeptieren und lieben können.
- Für alle, die ohne den Glauben an Gott in unserer Welt Gutes tun und Hoffnung schenken.

Guter Gott, du willst für einen jeden von uns das Leben in Fülle. Darum hast du Jesus, deinen Sohn, in diese Welt gesandt. Lass uns auf dich vertrauen, durch ihn, Christus, unseren Herrn.

Vaterunser

Segensbitte (s. S. 14)

Schlusslied z. B. GL 448 „Herr, gib uns Mut zum Hören“
oder Musik

VERTRAUTES HÖREN

„STIMME, DIE STEIN ZERBRICHT"

Zur Eröffnung Musik

Kreuzzeichen (und liturgischer Gruß)

Evtl. Lichtritus mit Gebet (s. S. 11–13)

Einführung Jeden Tag hören wir viele Stimmen und Worte von Mitmenschen, in den Medien. Und manchmal verstehen wir bei all dem sprichwörtlich nur noch „Bahnhof". Wo ist das Wort, das mich wirklich erreicht, das mich trifft? Wo sind Worte des ewigen Lebens? Die von Geist und Leben erfüllt sind, die mich zum Leben rufen?

Lied GL 417 „Stimme, die Stein zerbricht"

Betrachtung Gott offenbart sich Mose als der „Ich bin", der ewige, allmächtige, nicht verfügbare Gott. Er ist aber auch der „Ich bin da", der uns Menschen nahe sein will. In seinem Sohn Jesus, dem Immanuel, dem Gott-mit-uns, hat er uns sein menschliches Antlitz gezeigt. In den Worten Jesu hören wir die Stimme Gottes.

Jesus spricht sein Wort ins Dunkel unseres Lebens: Ich bin das Licht der Welt. Wer mir folgt, lebt nicht im Dunkel. Er fragt mich: Was willst du, das ich dir tun soll? Er sagt mir: Nicht die Gesunden brauchen den Arzt, sondern die Kranken. Barmherzigkeit will ich, nicht Opfer. Denn ich bin gütig und von Herzen demütig.

Jesus spricht sein Wort hinein in unsere Angst und Not: Warum habt ihr Angst, wo ist euer Glaube? So fragt er die furchtsamen Jünger. Warum hast du gezweifelt? So fragt er Petrus. Fürchte dich nicht! So ist es in der Bibel 365 Mal Menschen zugesagt, für jeden

Tag neu. Habt keine Angst! Ich bin der gute Hirt. Ich bin der Weg und die Wahrheit.
Jesus spricht sein Wort zu uns als Botschaft des Neubeginns. Zu den Abgelehnten und Ausgestoßenen sagt er: Deine Sünden sind dir vergeben, sündige von nun an nicht mehr. Dein Glaube hat dir geholfen. Ich bin die Tür zum Leben, sagt Jesus uns. Er hat alles gut gemacht, sagen die Menschen von ihm.
Jesus spricht sein Wort der Hoffnung und der Zukunft zu uns. Ich bin bei euch alle Tage, bis zur Vollendung der Welt. Die Zeit ist erfüllt, das Reich Gottes ist nahe. Ich bin der wahre Weinstock, von mir empfangt ihr die Kraft. Ich bin das Brot des Lebens. Ich bin das Leben und gekommen, euch Leben in Fülle zu bringen.

ruhige Musik

Lesung Lk 5,17–26 (Montag der 2. Adventswoche) bzw. Mk 2,1–12 (7. Sonntag/B)

oder Lk 5,27–32 (Samstag nach Aschermittwoch) bzw. Mt 9,9–13 (10. Sonntag/A)

Fürbitten Jesus Christus spricht zu uns das Wort des Heiles und des Neubeginns. Zu ihm rufen wir:

- Für die Menschen auf der Schattenseite des Lebens, die Enttäuschten, die Entrechteten die Vereinsamten.
- Für die Menschen, die in Angst leben, in Angst vor Not, vor Veränderung, vor der eigenen Courage.
- Für die Menschen, die in Schuld verstrickt sind und von selbst keinen Weg mehr herausfinden.
- Für die Menschen, die keine Kraft mehr zum Leben haben, die nur noch von Gott Stärke erhoffen können.

Gott, du bist da, du bist um uns herum wie die Luft, die wir atmen. In den Worten Jesu hören wir deine Stimme. Höre und erhöre unser Gebet durch ihn, Christus, unseren Herrn.

Vaterunser

Segensbitte (s. S. 14)

Schlusslied z.B. GL 377 „O Jesu, all mein Leben bist du“
oder GL 456 „Herr, du bist mein Leben“
oder Musik

BLICKFANG

„KREUZ, AUF DAS ICH SCHAUE"

Zur Eröffnung Musik

Kreuzzeichen (und liturgischer Gruß)

Evtl. Lichtritus mit Gebet (s. S. 11–13)

Einführung Sollen in öffentlichen Gebäuden Kreuze hängen? Die Diskussion darüber zieht sich schon über Jahrzehnte. Immerhin beruft sich unser Land auf seine christliche Prägung. Selbst unter denen, die mit dem christlichen Glauben nichts mehr anfangen können, hat das Kreuz als Zeichen für den Tod, aber auch für die Hoffnung seinen Platz, wie wir an den vielen Straßenkreuzen für Unfallopfer sehen können. Andererseits ist das Kreuz abseits der christlichen Botschaft in unseren Breiten ein Schmucksymbol ohne religiöse Aussage. Der Blick auf die wahre Botschaft des Kreuzes ist darum heute gefragter und nötiger denn je. Dies zu bezeugen ist unsere Aufgabe als Christen.

Lied GL 270 „Kreuz, auf das ich schaue"

Betrachtung Für die Zeitgenossen Jesu und die Generationen der ersten Christen war das Kreuz zuerst einmal ein grausames Folterinstrument, ein Zeichen des Todes. Zu erkennen, dass in diesem Zeichen das Heil zu sehen ist, brauchte Zeit, das wird in den Apostelbriefen des Neuen Testaments deutlich und auch im zurückhaltenden Gebrauch des Kreuzes als christliches Symbol in den ersten Jahrhunderten. Wir schauen heute auf das Kreuz als Zeichen unserer Erlösung.

Das Kreuz ist uns Zeichen des Vertrauens auf Jesu Nähe. Er, der Sohn Gottes, wurde ganz Mensch und hat das tiefste und schrecklichste Leben der Menschen geteilt. Kein menschlicher Abgrund ist ihm fremd geblieben. Er ist uns besonders im Leiden, in der Not nahe. Der Blick auf den Leidenden am Kreuz hat zu allen Zeiten Menschen Trost in ihrem eigenen Leiden gegeben.

Das Kreuz ist uns auch Zeichen des Lichts und der Hoffnung in Angst und Mühe. Es ist durch Christus vom Todes- zum Lebenszeichen geworden. Deshalb finden wir es auch auf der Osterkerze. Durch Dunkel zum Licht, durch Trauer zur Freude, durch Leiden zur Herrlichkeit, durch den Tod zum Leben. Das ist der Weg des Kreuzes, den Jesus uns vorausgegangen ist.

Das Kreuz ist uns Zeichen des neuen Tags, Zeichen der Stärke Gottes. Vor und nach jedem Gebet, wenn wir die Kirche betreten und verlassen, bezeichnen wir uns mit dem Kreuz. Ja, das Kreuzzeichen zu machen ist schon Gebet. Wir bekennen uns zu Gott, dem Vater, dem Sohn, dem Heiligen Geist. Und wir sprechen dazu unser Amen, das Wort unseres Vertrauens und unserer Hoffnung zum erlösenden Gott.

ruhige Musik

Lesung 1 Kor 1,22–25 (3. Fastensonntag/B)
oder 1 Kor 1,17–25 (Freitag der 21. Woche/II)

Fürbitten Durch seinen Tod am Kreuz hat uns Christus Rettung und Erlösung gebracht. Zu ihm rufen wir:

- Für alle Menschen, die aus dem Blick auf das Kreuz die tägliche Kraft für ihr Leben schöpfen.
- Für alle Menschen, die in der Torheit und Schwäche unserer Welt neu nach Gottes Wort suchen.
- Für alle Menschen, die das Kreuz bewusst als Zeichen ihres Bekenntnisses zu Christus offen tragen.
- Für alle Menschen, die geduldig das Kreuz ihres Lebens tragen und das ihrer Nächsten mittragen.

Herr Jesus Christus, in dir erkennen wir Gottes Kraft und Gottes Weisheit. Dir sei Ehre und Dank, heute und in Ewigkeit.

Vaterunser

Segensbitte (s. S. 14)

Schlusslied z. B. GL 291 „Holz auf Jesu Schulter“
oder Musik

VERSTECKSPIEL?

„UND SUCHST DU MEINE SÜNDE"

Zur Eröffnung Musik

Kreuzzeichen (und liturgischer Gruß)

Evtl. Lichtritus mit Gebet (s. S. 11–13)

Einführung Wer gibt schon gern seine Schwächen und Fehler zu und redet darüber? Und wer spricht sogar noch über Sünden, die er begangen hat? Die vorösterliche Bußzeit lädt uns gerade dazu ein. In der Zeit der frühen Kirche gab es die Form der öffentlichen Beichte. Heute wird so etwas höchstens in der Öffentlichkeit zelebriert, oft mit wenig Glaubwürdigkeit. Geredet wird lieber über das, was die anderen falsch machen. Die Krise des Bußsakraments ist ein Zeichen dafür, dass auch in unserer Kirche, unseren Gemeinden etwas falsch gelaufen ist. Das betrifft das Verhältnis zu den eigenen Schattenseiten wie zu Gott, aber auch die mangelnde Bereitschaft zu Vergebung. Der Mensch ist immer auch Sünder, aber nicht zuvorderst und zuerst. Und der Mensch darf auf Gottes Nähe zählen, die ihn annimmt und neu anfangen lässt.

Lied GL 274 „Und suchst du meine Sünde"

Betrachtung Die Melodie dieses Liedes, neu geschaffen für das „Gotteslob", lässt bewusst Anklänge an orientalische Musik im Allgemeinen und die jüdische Synagogalmusik im Besonderen erkennen. Denn Textautor des Liedes ist der jüdische Religionsphilosoph Schalom Ben-Chorin, ein Schüler des großen Martin Buber. Er bezieht sich dabei aber schon auf ein religiöses Gedicht aus dem 11. Jahrhundert, das bis heute seinen Platz im Gottesdienst von Yom Kippur, dem jü-

dischen Versöhnungstag hat: „Und wenn du mich tötest – ich hoffe auf dich, fragst du nach meiner Schuld – flieh ich von dir zu dir und berge mich vor deinem Zorn in deinem Schatten."
An Gott komme ich nicht vorbei, das ist die Botschaft. Die nicht drohend oder ängstigend gemeint ist, sondern vertrauensvoll und Mut machend. Gott ist mir immer nah, auch dann, wenn ich es nicht spüre und selbst dann, wenn ich es nicht für möglich halte. Gott lässt mir die Freiheit, auch die zur Sünde, auch die zur Entfernung von ihm. Und dennoch bleibt er der Ursprung meines Lebens, bleibt er der Begleiter auf all meinen Wegen. Vor ihm kann ich nicht fliehen, wie ich mich auch drehe und wende.
So drückt es auch Psalm 139 aus. Von ihm geht mein Leben aus und bei ihm mündet es. Manchmal erscheint er mir fern und manchmal nah, aber Gott ist immer da. Er weiß um meine Wege, auch die Irrwege und Abwege. Er sucht sogar meine Schuld, meine Sünde, ruft mich zum Umkehren und ist mir Gericht ebenso wie die Gnade. Scheinbare Gegensätze lösen sich in ihm auf. Aus seiner Zuneigung und Liebe kann ich nie herausfallen.

ruhige Musik

Lesung 2 Kor 5,20 – 6,2 (Aschermittwoch)

Fürbitten Jesus Christus ist unser Friede, er bringt uns die Vergebung des Vaters und zeigt Wege zur Versöhnung. So wollen wir ihn bitten:

- Für alle Menschen, die im Bußsakrament anderen die Vergebung Gottes und den Neuanfang zusprechen.
- Für alle Menschen, die in Telefonseelsorge, Krisenintervention und Beratungsstellen sich der Sorgen anderer annehmen und Hilfe geben.
- Für alle Menschen, die in Hilfsorganisationen weltweit aktiv zu Versöhnung und Frieden unter den Völkern beitragen.

- Für alle Menschen, die in Schuld und Sünde verstrickt und gefangen sind, die selbst keinen Weg heraus zum anderen finden.

Herr Jesus Christus, mit dir ist die Zeit der Gnade und der Rettung angebrochen. Höre und erhöre unsere Bitten. Dir sei Dank, heute und in Ewigkeit.

Vaterunser

Segensbitte (s. S. 14)

Schlusslied z. B. GL 428 „Herr, dir ist nichts verborgen“
oder GL 419 „Tief im Schoß meiner Mutter gewoben“
oder Musik

FRÜH-/SPÄTSCHICHTEN IN DER FASTENZEIT MIT NEUEN GEISTLICHEN LIEDERN

SO IST VERSÖHNUNG

„WIE EIN FEST NACH LANGER TRAUER"

Zur Eröffnung Musik

Kreuzzeichen (und liturgischer Gruß)

Evtl. Lichtritus mit Gebet (s. S. 11–13)

Einführung Fast alle Menschen haben wohl die Sehnsucht nach einer heilen Welt. Aber wir müssen immer wieder feststellen, dass wir nicht in einer heilen Welt leben. Unversöhnlichkeit ist in vielen Beziehungen und Konflikten ein Grundproblem, ob es in der großen Weltpolitik ist oder in unserer Gesellschaft, im Arbeitsleben oder im persönlichen Bereich von Familie und Freunden. Harte Herzen aber lassen auch eine harte Welt entstehen, in der Erbarmen und Vergebung dringend vonnöten sind.

Lied „Wie ein Fest nach langer Trauer" (s. S. 86)

Betrachtung In vielen gut nachvollziehbaren Bildern beschreibt das Lied, wie wir Versöhnung erleben können:

- als Fest nach langer Trauerzeit
- als Feuer in Dunkelheit und Kälte der Nacht
- als offenes Tor in einer unüberwindlichen Mauer
- als frischen Trieb an einem scheinbar toten Baum
- als den dringend erhofften Regen nach langer Trockenheit
- wie eine altbekannte Melodie der Heimat
- wie Land unter den Füßen, ein Ausweg aus bedrängter Lage
- wie eine neue Entdeckung, die große Freude auslöst.

Nebenbei gibt der Liedtext uns aber auch Ideen an die Hand, wie wir selbst Versöhnung wirken und schaf-

fen können.
Sprachlosigkeit macht sich zunehmend unter Menschen breit, weil schnelle und kurze Meldungen missverständlich werden oder nicht ausreichend sind. Es gibt Dinge, die müssen ausführlich ausgesprochen werden, mit Bedacht geäußert und aufgenommen – so, wie ein Brief nach langem Schweigen.
Viele Menschen leben für sich, selbst mit den Menschen in der nächsten Umgebung, im Wohnhaus, auf der Arbeit haben sie kaum Kontakt. Mürrisch vor sich hin lebend, ohne Interesse am anderen, auf sich selbst bezogen, schweigend einander begegnen – da können ein unverhoffter, freundlicher Gruß und ein fröhliches, lächelndes Gesicht Wunder wirken.
Es ist erstaunlich, was manche Menschen lange Jahre mit sich herumschleppen. Was sie Mitmenschen nachtragen und verübeln. Wie aus kleinen Zwistigkeiten handfeste Streitereien und Konflikte entstehen. Feindschaften schaukeln sich hoch. Man redet nicht mehr miteinander und schaut sich nicht an – da kann die ausgestreckte Hand der erste Schritt sein, um neu anzufangen.
Und auch in vielen Beziehungen unter Partnern scheitern Menschen an den hohen Erwartungen aneinander. Enttäuschungen machen sich breit und oft heißt die Lösung dann Trennung. Aber es gibt keine perfekten Menschen, auch wenn sie einem durch die rosarote Brille schon mal so erschienen. Da kann es gut sein, an den Zauber des Anfangs zu denken und zu sagen: Ich mag dich trotzdem – und einen Kuss zu geben.

ruhige Musik

Lesung Mt 18,21–35 (24. Sonntag/A)

Fürbitten „Kehrt um und glaubt an das Evangelium", so sagt Jesus. Zu ihm wollen wir beten:

- Für alle Menschen, die sich weltweit für Verständigung und Versöhnung zwischen Völkern und Nationen engagieren.
- Für die Menschen, die anderen alles nachtragen und nicht zu Vergebung bereit sind.
- Für die Menschen, die sich selbst ihre Fehler im Leben nicht verzeihen können.
- Für die Menschen, die an anderen schuldig geworden sind und noch auf Versöhnung hoffen.

Herr Jesus Christus, du hast die Botschaft von Vergebung und Neuanfang selbst vorgelebt. Lass uns dir auf diesem Weg nachfolgen und so Zeugen deiner Liebe sein. Dir danken wir, heute und in Ewigkeit.

Vaterunser

Segensbitte (s. S. 14)

Schlusslied z.B. GL 456 „Herr, du bist mein Leben"
oder GL 272 „Zeige uns, Herr, deine Allmacht und Güte"
oder Musik

ANS LICHT GEBRACHT

„IN DER NACHT KOMMT AN DEN TAG SEIN LICHT"

Zur Eröffnung Musik

Kreuzzeichen (und liturgischer Gruß)

Evtl. Lichtritus mit Gebet (s. S. 11–13)

Einführung Die klare Sonne bringt es an den Tag, so sagt ein Sprichwort. Es will ausdrücken, dass letztlich alles ans Licht kommt, dass im Hellen die dunklen Taten offenbar werden. Wir könnten im Glauben auch sagen: Gottes Licht bringt seine Wahrheit an den Tag. Was trauen wir Gott eigentlich zu? Wir hören und kennen die Aussage Jesu, dass bei Gott nichts unmöglich, sondern alles möglich ist. Aber glauben wir das? Dass Gott selbst das schaffen kann, was nicht menschenmöglich und naturwissenschaftlich nicht denkbar ist? In der österlichen Bußzeit bereiten wir uns auf das Fest aller Feste, auf die Feier der Auferstehung Jesu vor. Ist Gott, der den Tod überwinden kann, nicht auch in unserem Leben alles zuzutrauen?

Lied „In der Nacht kommt an den Tag sein Licht" (s. S. 88)

Betrachtung Der Glaube an die Auferstehung ist das tiefste, das intensivste Geheimnis unseres Glaubens. Unmögliches wird möglich, Paradoxe werden wahr. Davon singt unser Lied. In der Auferstehung Christi gründet Gott eine neue Welt. Davon haben schon die Propheten gekündet. Gottes neue Welt, das bedeutet, dass die Rechtlosen und Entrechteten endlich zu ihrem Recht kommen. Gottes neue Welt, das bedeutet, dass die Traurigen und Verzweifelten endlich Trost erfahren. Gottes neue Welt, das bedeutet, dass ungerecht Gefangene endlich wieder in Freiheit kommen.

Gott lässt seine neue Welt auch durch unser Mittun wachsen, und so sind wir hier selbst Mithandelnde und Mitgefragte, Recht, Freiheit und Trost zu wirken. Gottes neue Welt, das bedeutet aber auch, dass möglich wird, was nicht menschenmöglich ist. Dass Blinde wieder sehen und Lahme wieder gehen; dass in der Nacht Licht aufstrahlt; dass sogar Steine weich werden und fließen, sinnbildlich auch für die Härten unseres Lebens; dass schließlich der Tod dem Leben weichen muss und Tote auferstehen – das sind die Zeichen für Gottes neue Welt, in der es keine Trauer mehr gibt, sondern nur noch Tage des Friedens.

ruhige Musik

Lesung Jes 65,17–25 (V. 17–21 – Montag der 4. Fastenwoche)

Fürbitten Jesus Christus hat den Tod besiegt und das neue, ewige Leben erworben. Zu ihm rufen wir:

- Für alle Menschen, die in Wort und Tat die frohe Botschaft vom Leben verkünden.
- Für alle Verzweifelten und Rechtlosen, die auf das Wort des Trostes und der Wahrheit hoffen.
- Für die Menschen, die traurig und einsam sind, weil sie um einen geliebten Menschen trauern.
- Für die Menschen, die dem Tod nahe sind und die auf die erhoffte Erlösung warten.

Gott, mit der Auferstehung deines Sohnes hat deine neue Welt begonnen, die Welt des Friedens und des Lebens. Dafür danken wir dir und loben dich durch Christus, unseren Herrn.

Vaterunser

Segensbitte (s. S. 14)

Schlusslied z. B. GL 479 „Eine große Stadt ersteht“
oder GL 334 „O Licht der wunderbaren Nacht“
oder Musik

IM JUBEL ERNTEN

Originaltonart: As-Dur/f-moll

T: Thomas Laubach M: Thomas Quast
aus: Das Schweigen bricht, 1987

UND MEINE SEELE SINGT

NACH LK 1,46–55, MAGNIFIKAT

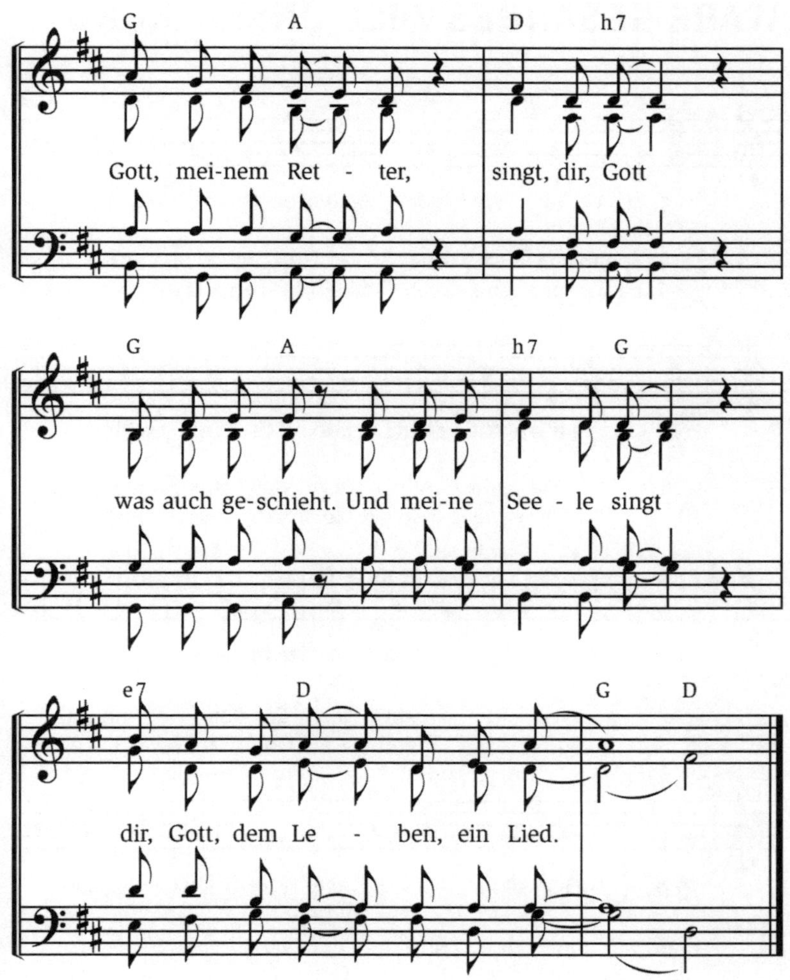

T: Thomas Laubach M: Thomas Quast
aus: Ruhama-Chorbuch, erweiterte Auflage 2009

WÄRE GESANGES VOLL UNSER MUND

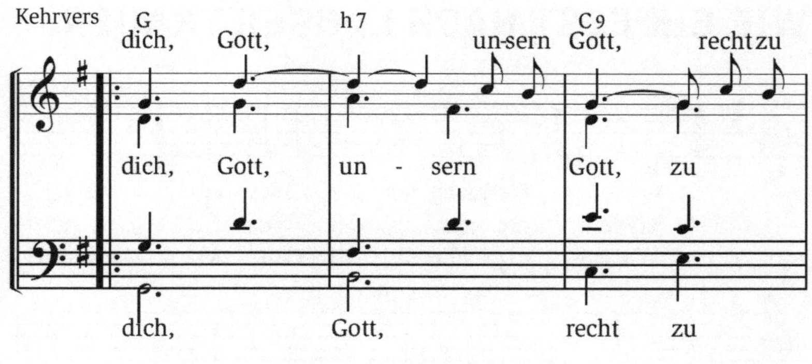

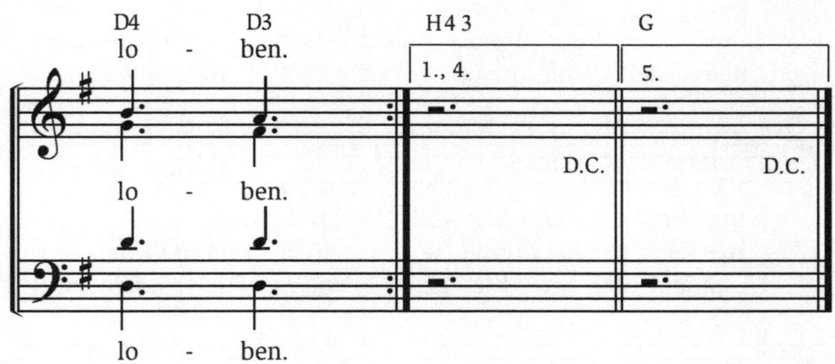

T: Eugen Eckert M: Alejandro Veciana
aus: LP/MC: „Alles, was lebt"
Band HABAKUK, Frankfurt a. M.

WIE EIN FEST NACH LANGER TRAUER

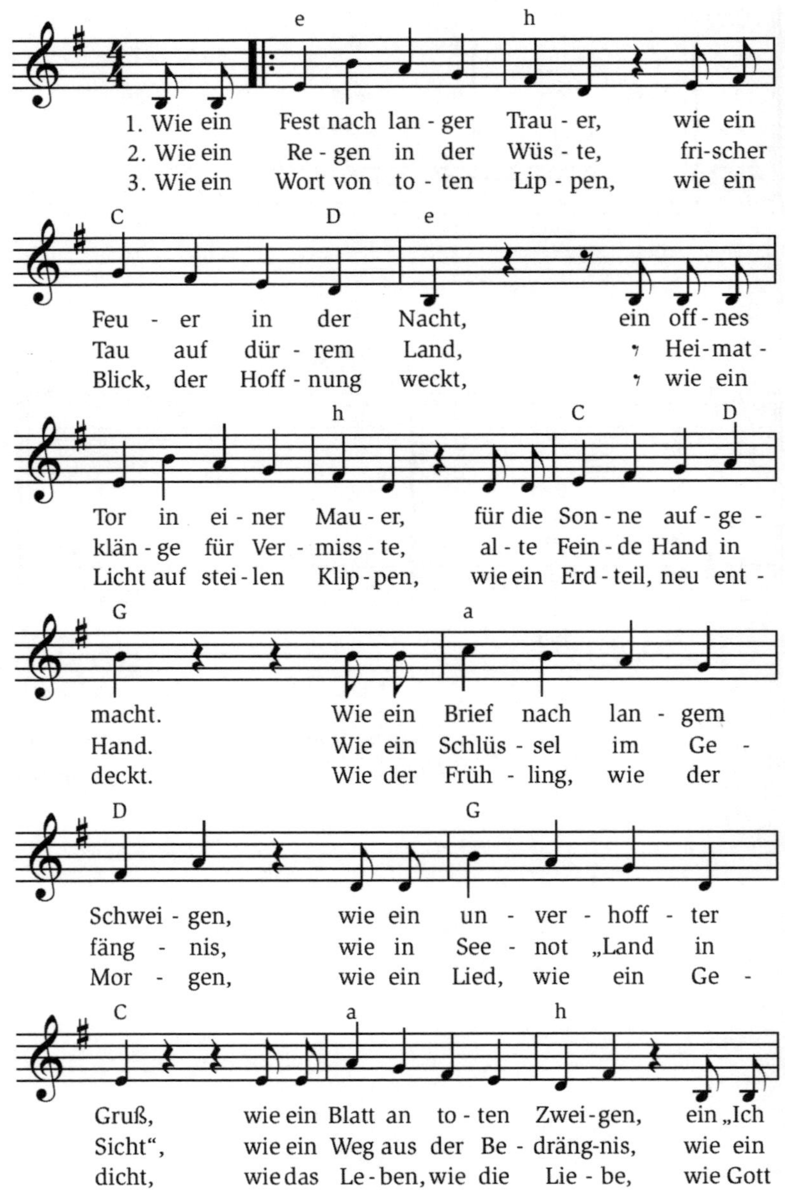

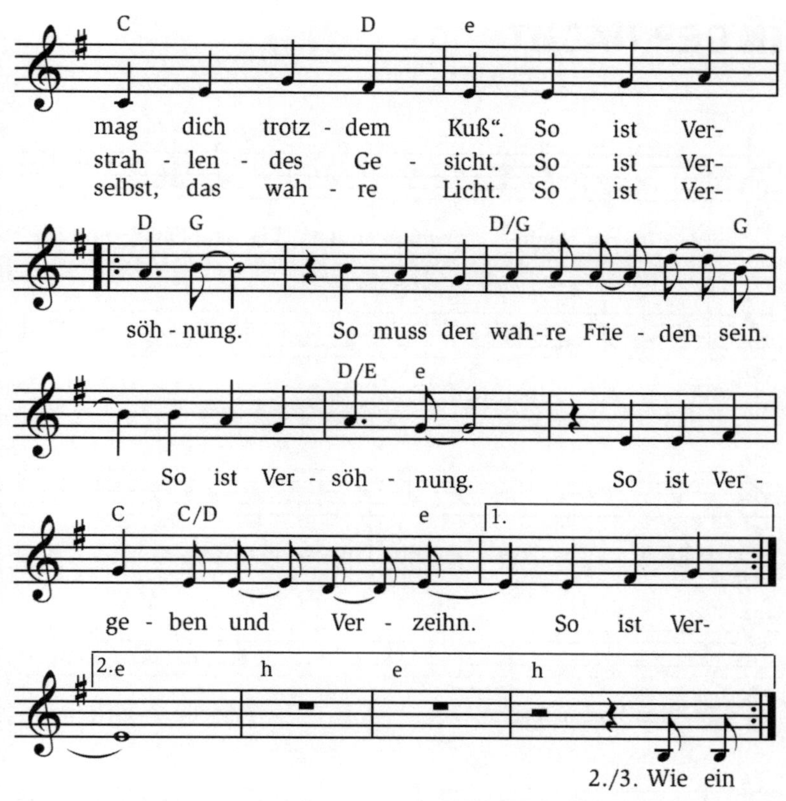

T: Jürgen Werth M: Johannes Nitsch

IN DER NACHT

T: Thomas Laubach M: Thomas Quast
aus: Oekumene heute, Mein Liederbuch, 1992